Klaus Klemm
Inklusion in Deutschlands Schulen

Klaus Klemm

Inklusion in Deutschlands Schulen

Entwicklungen – Erfahrungen – Erwartungen

Der Autor

Prof. Dr. Klaus Klemm. Jg. 1942, lehrte von 1977 bis 2007 Erziehungswissenschaft an der Universität Duisburg-Essen. Seine Arbeitsschwerpunkte liegen in den Bereichen Bildungsforschung, Bildungsökonomie und Bildungsplanung. Seit 2010 ist er Mitglied des Expertenkreises ‚Inklusive Bildung' der Deutschen UNESCO-Kommission.

Dieses Buch ist erhältlich als:
ISBN 978-3-7799-6486-5 Print
ISBN 978-3-7799-5805-5 E-Book (PDF)

1. Auflage 2021

in der Verlagsgruppe Beltz · Weinheim Basel
Werderstraße 10, 69469 Weinheim

Herstellung: Ulrike Poppel
Satz: text plus form, Dresden
Druck und Bindung: Beltz Grafische Betriebe, Bad Langensalza
Printed in Germany

Weitere Informationen zu unseren Autor_innen und Titeln finden Sie unter: www.beltz.de

Inhalt

1920, zu Beginn der Weimarer Republik, besuchten in Deutschland etwa 40 000 Kinder die damals sogenannten Hilfsschulen. Ein knappes Jahrhundert später (2018) waren es 545 000 Kinder und Jugendliche mit diagnostiziertem sonderpädagogischen Förderbedarf, die in Deutschlands Schulen unterrichtet wurden. Ein enormer Zuwachs dieser Gruppe also! Lange Zeit waren diese Schülerinnen und Schüler in der Öffentlichkeit kaum beachtet worden. Erst nach dem deutschen Beitritt zur ‚UN-Konvention über die Rechte von Menschen mit Behinderungen', der 2009 bei zunächst nur geringer öffentlicher Aufmerksamkeit erfolgte, änderte sich dies. Angesichts einer Perspektive, die die gemeinsame Unterrichtung von Kindern mit und solchen ohne einen sonderpädagogischen Förderbedarf rechtlich vorzeichnet, interessiert sich nun zumindest die schulpolitische Öffentlichkeit für die Kinder mit sonderpädagogischem Förderbedarf. Bis dahin galten die Hilfsschulen und ihre Nachfolgeorganisationen als Einrichtungen, die die übrigen Schulen entlasteten, von nun an verkehrte sich dies ins Gegenteil: Schüler mit sonderpädagogischem Förderbedarf werden häufig als Zumutung, als Belastung der allgemeinen Schulen wahrgenommen. Und die Frage, wie und wo sie schulisch betreut werden, ist in das Zentrum (schul-)politischer Debatten und schulpolitischen Streits gerückt.

Vor diesem Hintergrund geht die hier vorgelegte Studie der Frage nach, ob und wie sich Deutschland insgesamt und seine einzelnen Bundesländer bei der Gestaltung seines allgemeinbildenden Schulsystems der in der UN-Konvention formulierten Zielsetzung, Menschen mit Behinderungen vom allgemeinen Unterricht in Grundschulen und in weiterführenden Schulen nicht auszuschließen, angenähert haben.

Der Zugang zur Beantwortung dieser Frage erfolgt in einem ersten Schritt über eine knappe Skizzierung der Entwicklung der Beschulung von Kindern mit sonderpädagogischem Förderbedarf während der einhundert Jahre von der Begründung der Weimarer Republik bis in die Gegenwart (Abschnitt 1). Daran schließt sich eine Analyse der schulrechtlichen Vorgaben, mit denen die deutschen Länder auf die sie rechtlich bindende UN-Konvention reagiert haben, an (Abschnitt 2). So vorbereitet werden dann zwei zentrale Themenbereiche des Inklusionsprojektes behandelt: die Bereitstellung von Lehrkräften und inklusionstauglichen Schulgebäuden (Abschnitt 3) und Merkmale des pädagogischen Personals der Schulen des gemeinsamen Lernens sowie der Schülerinnen und Schüler mit einem sonderpädagogischem Förderbedarf (Abschnitt 4). Auf dieser Grundlage bietet der fünfte Abschnitt der Studie eine ausführliche bildungsstatistische Analyse des Inklusionsprozesses in Deutschland in der Zeitspanne von 2008/09 bis 2018/19 (Abschnitt 5). Dieser lediglich statistischen Analyse wird eine Darstellung dessen, was derzeit über die Qualität des inklusiven Unterrichts und seiner Rahmenbedingungen bekannt ist, zur Seite gestellt (Abschnitt 6). Eine auf die empirische Bildungsforschung gestützte Übersicht über die Ergebnisse inklusiven Unterrichts schließt sich daran an (Abschnitt 7). Ein

Blick auf die Wahrnehmung der inklusiven Schule in der Bevölkerung, bei Eltern und Lehrkräften rundet die Darstellung der Entwicklung ab (Abschnitt 8). Danach folgen zwei Abschnitte, die die Planungsabsichten der Länder bis 2030 (Abschnitt 9) sowie die in den Ländern erkennbaren bildungspolitischen Strategien beim Umgang mit dem Inklusionsprojekt zum Gegenstand haben (Abschnitt 10). Ein nach vorne schauender Ausblick resümiert und fragt nach dem weiteren Weg zur inklusiven Schule in Deutschland (Abschnitt 11).

1. Der weite Weg: Vom Weimarer Schulkompromiss bis zum Beitritt zur UN-Konvention

Im Rückblick auf die Entwicklung des schulischen Unterrichts für Kinder mit sonderpädagogischem Förderbedarf sind für die Zeit seit der beginnenden Weimarer Republik im vergangenen Jahrhundert, den Jahren der frühen Bundesrepublik und dann des vereinigten Deutschlands fünf Phasen deutlich erkennbar (vgl. dazu auch Klemm 2014): Die erste dieser Phasen ist von einer Etablierung eigenständiger Sonderschulen neben der Grundschule und den weiterführenden Schulen während der Jahre der Weimarer Republik geprägt. Die zweite Phase, die der Jahre im nationalsozialistischen Deutschland, ist durch die Indienstnahme der Sonderschulen als Stätten der Vorauswahl für Sterilisation und Euthanasie gekennzeichnet. Die dritte Phase, die den Zeitraum vom Ende des zweiten Weltkriegs bis zu der Vereinigung der beiden deutschen Staaten umfasst, zeichnet sich durch einen kontinuierlichen Ausbau der Sonderschulen sowie eine Expansion der Schülerzahlen dieser Schulen aus. Die vierte Phase schließlich – zunächst angestoßen durch eine Empfehlung des Deutschen Bildungsrates aus dem Jahr 1973 – ist dadurch gekennzeichnet, dass ein kontinuierlich wachsender Anteil der Schülerinnen und Schüler mit diagnostiziertem sonderpädagogischen Förderbedarf in allgemeinen Schulen gemeinsam mit Kindern und Jugendlichen ohne diesen besonderen Förderbedarf unterrichtet wird. Die Entwicklung in dieser vierten Phase, in der der Ausbau des gemeinsamen Unterrichts verstetigt wird und perspektivisch zum Regelfall werden soll, fand 2009 durch den Beitritt Deutschlands zur UN-Konvention über die Rechte von Menschen mit Behinderungen einen formalen Höhepunkt. Die Entwicklung seither (fünfte Phase) ist durch die Umsetzung dieser Konvention – nun unter der Überschrift ‚Inklusion' – bestimmt.

1.1 Der Ausbau des Förderortes ‚Sonderschule' auf der Grundlage des Weimarer Schulkompromisses

Die im August 1919 von der Nationalversammlung verabschiedete Verfassung des Deutschen Reiches, die Weimarer Verfassung, schuf mit ihren Schulartikeln eine neue Grundlage für die Schulstruktur Deutschlands, eine Grundlage, die mit ihren wesentlichen Elementen die Schulentwicklung des Deutschen Reiches und, nach 1945, der westdeutschen Bundesrepublik sowie nach 1989 des vereinten Deutschlands prägte. In Artikel 146 dieser Verfassung heißt es: „Das öffentliche Schulwesen ist organisch auszugestalten. Auf einer für alle gemeinsamen Grundschule baut sich das mittlere und höhere Schulwesen auf. Für diesen Aufbau ist die Mannigfaltigkeit der Lebensberufe, für die Aufnahme eines Kindes in eine bestimmte Schule sind seine Anlage und Neigungen, nicht die wirtschaftliche und gesellschaftliche Stellung oder das Religionsbekenntnis seiner Eltern maßgebend." Bei allen späteren Modifikationen hat sich – sieht man von der Entwicklung in der DDR mit der Polytechnischen Oberschule (POS) und der Erweiterten Oberschule (EOS) ab – das damit vorgebene Muster der Schulstruktur in Deutschland im Grundsatz nicht mehr verändert: Auf der Grundlage einer für alle Kinder gemeinsamen Grundschule verteilten und verteilen sich die Grundschülerinnen und -schüler, in den meisten Bundesländern nach vier, in Berlin und Brandenburg erst nach sechs Grundschuljahren, auf unterschiedlich anspruchsvolle schulische Bildungswege: zunächst auf die Oberstufe (Jahrgangsstufen 5 bis 8) der Volksschulen, auf Mittelschulen und auf Gymnasien, später dann auf Hauptschulen, Realschulen und Gymnasien und noch einige Jahre später auf Gymnasien, Gesamtschulen, Realschulen und Hauptschulen oder neuerdings in einzelnen Bundesländern nur noch auf Gymnasien sowie auf eine zweite, nicht gymnasiale weiterführende Schule.

Bemerkenswert an den Schulartikeln der Weimarer Verfassung ist die Tatsache, dass die Vorläufer der späteren Sonder- bzw. Förderschulen, die Hilfsschulen, die es im Kaiserreich sehr wohl schon gab, in ihr nicht erwähnt werden. Dies änderte sich durch das im April 1920 erlassene ‚Reichsgesetz betreffend die Grundschulen und Aufhebung der Vorschulen'. In ihm heißt es in § 1: „Die Volksschule ist in den vier untersten Jahrgängen als die für alle gemeinsame Grundschule, auf der sich auch das mittlere und höhere Schulwesen aufbaut, einzurichten." Und weiter dann: „Die Grundschulklassen(-stufen) sollen unter voller Wahrung ihrer wesentlichen Aufgabe als Teil der Volksschule zugleich die ausreichende Vorbildung für den unmittelbaren Eintritt in eine mittlere oder höhere Lehranstalt gewährleisten. Auf Hilfsschulklassen findet diese Bestimmung keine Anwendung" (vgl. Michael/Schepp 1993: S. 242 f.). Zur Volksschuloberstufe finden sich in dem hier herangezogenen Reichsgesetz keine weiteren Hinweise.

Die weitere Ausdifferenzierung der 1919 in der Weimarer Verfassung und im April 1920 im Grundschulgesetz formulierten Grundsatzentscheidungen war Gegenstand der Beratungen einer Reichsschulkonferenz, die vom 11. bis zum 20. Juni 2020 – also nach der Verabschiedung des Grundschulgesetzes – in Berlin durchgeführt wurde (Reichsministerium des Inneren 1921). In den Debatten dieser Konferenz, an der etwa 650 Bildungsexperten teilnahmen, plädierten Vertreter der ‚Heilpädagogischen Anstalten' dafür, den Ausschluss der ‚Hilfsschulklassen' aus der Grundschule auch in den weiterführenden Bildungswegen fortzusetzen. In den Beratungen der Vollsitzungen dieser Konferenz, die unter der Überschrift ‚Schularten, Schulziele und organisatorische Zusammensetzung zur Einheitsschule' geführt wurden, erklärte – als Vertreter des ‚Verbandes der Hilfsschulen Deutschlands' – der Stadtschulrat Senator Julius Grote aus Hannover mit Blick auf die zu der Zeit etwa 1 800 bestehenden Hilfsschulen mit ihren etwa 40 000 Schülerinnen und Schülern: „An einer solchen Schulorganisation kann auch die Reichsschulgesetzgebung nicht vorübergehen. Darum geht die Bitte der Hilfsschullehrer wie der Lehrer an den Schulen für Schwerhörige, an den Sprachheilschulen und den anderen heilpädagogischen Anstalten dahin, dass sich die Reichsschulkonferenz auch dieser notwendigen Zweige der Einheitsschule in vollem Umfange annehmen und sie als selbständige Anstalten anerkennen möchte. Als selbständige Anstalten deshalb, weil sie keinen Zusammenhang mit der Grundschule behalten. Denn nachdem die schwachsinnigen, die taubstummen, die blinden, die schwerhörigen Kinder (durch die Bestimmungen des Grundschulgesetzes – Klaus Klemm) abgesondert sind, ist zwischen ihnen und der Grundschule ein starker Strich gemacht. Es gibt kein Hinüber mehr, sie bleiben in der Anstalt der Spezialschule. Darum müssen die heilpädagogischen Schulen als selbständig anerkannt werden. Damit hängt natürlich auch zusammen, daß sie in dem großen Schulverwaltungsorganismus des Reiches selbständig geführt und auch als selbständige Anstalten fachmännisch beaufsichtigt werden." (Reichsministerium des Inneren 1921: S. 521) Vergleichbar votiert Ernst Brettschneider als Verteter des ‚Deutschen Schwerhörigenlehrervereins' mit seinem Antrag zur Schulgesetzgebung, in dem es heißt: „Für blinde, sehschwache, taubstumme, schwachbefähigte, krankhaft veranlagte, sittlich gefährdete sowie Krüppelkinder ist in selbständigen Schulen und Fortbildungsschulen unterrichtlich und erzieherisch besonders zu sorgen." (Reichsministerium des Inneren 1921: S. 865). In Konsequenz der Forderungen nach eigenständigen Hilsschulen fordert der schon zitierte Julius Grote auch eine auf den Unterricht in diesen Schulen gesonderte Ausbildung der Lehrkräfte: „Die Lehrer an allen diesen Anstalten haben eine Sonderaufgabe, die heilpädagogische, zu erfüllen. Es ergibt sich daraus, dass die Lehrer auch eine besondere Vorbildung haben müssen, die sich auf der allgemeinen Lehrerbildung aufbaut. Es ergeht die Bitte an die Reichsschulkonferenz, für die Sonderausbildung aller Lehrer an heilpädagogischen Anstalten Sorge tragen zu wollen." (Reichsministerium des Inneren 1921: S. 865).

Auch wenn die Beratungen der Reichsschulkonferenz nicht unmittelbar zu Umsetzungen in der Schulpolitik des Reiches und der einzelnen Reichsländer führten, kann festgestellt werden: Die entsprechenden Artikel der Weimarer Verfassung, des ‚Reichsgesetzes betreffend die Grundschulen und Aufhebung der Vorschulen' sowie die Beratungen der Schulkonferenz von 1920 haben für eine eigenständige Entwicklung der Hilfsschulen eine gesicherte Grundlage geschaffen. Dies führte in den frühen Jahren der Weimarer Republik zunächst zu einer Steigerung der Zahl der Hilfschüler – nicht zuletzt auch deshalb, weil die

Hilfsschulen schon in den Jahren vor Gründung der Weimarer Republik „die in ihrem Anforderungsniveau gestiegene Volksschule von allem ‚Ballast' befreien sollte" (Ellger-Rüttgardt 1997: S. 251). Da belastbare Daten für das gesamte Reichsgebiet nicht verfügbar sind, belegt Preuss-Lausitz diese Schülerzahlentwicklung mit der Entwicklung für Grossberlin: Allein in den wenigen Jahren von 1923 bis 1925 stieg dort der Anteil der Hilfschüler an der Zahl der Volksschüler von 2,45 auf 2,85 Prozent. Ab Mitte der zwanziger Jahre führten dann infolge der ökonomischen Krise in Berlin und im gesamten Reichsgebiet Sparmaßnahmen zu einem Rückgang der Zahlen der Hilfsschülerinnen und Hilfsschüler: „Da jeder Hilfsschüler aufgrund der kleineren Klassen und der günstigeren Lehrer-Schüler-Relation teurer war als ein Volksschüler, ging die Neigung der kommunalen Schulträger zurück, Hilfsklassen und -schulen einzurichten." (Preuß-Lausitz 1986: S. 106)

1.2 Die Entwicklung im Dritten Reich

Schon während der ersten Monate der nationalsozialistischen Herrschaft in Deutschland wurde das ‚Gesetz zur Verhütung erbkranken Nachwuchses' (1933) erlassen. In § 1 dieses Gesetzes heißt es: „Wer erbkrank ist, kann durch chirugischen Eingriff unfruchtbar (sterilisiert) gemacht werden, wenn nach den Erfahrungen der ärztlichen Wissenschaft mit großer Wahrscheinlichkeit zu erwarten ist, dass seine Nachkommen an schweren körperlichen oder geistigen Erbschäden leiden werden." Als ‚Erbkranke' werden in § 2 dieses Gesetzes Menschen bestimmt, die „an einer der folgenden Krankheiten" leiden: angeborener Schwachsinn, Schizophrenie, zirkulärem (manisch-depressivem) Irrsinn, erblicher Fallsucht, erblichem Veitstanz (Huntingtonische Chorea), erblicher Blindheit, erblicher Taubheit, schwerer erblicher Mißbildung sowie (in einem eigenen § 3 genannt) schwerer Alkoholismus. Hat das zuständige ‚Erbgesundheitsgericht' in einem nicht öffentlichen Verfahren die „Unfruchtbarmachung endgültig beschlossen, so ist sie auch gegen den Willen des Unfruchtbarzumachenden auszuführen…" (§ 12). Preuß-Lausitz (1986: S. 106 ff.) und auch Ellger-Rüttgardt (1997: 254 ff.) verweisen darauf, dass dieses Gesetz in der Tradition eines in Europa verbreiteten eugenistischen Gedankenguts stand. Ein 1932 vom preußischen Gesundheitsamt eingebrachter Sterilisationsgesetzentwurf wurde im Reichstag infolge der ‚Machtübernahme' durch die Nationalsozialisten nicht mehr behandelt. Dieser Gesetzesentwurf unterschied sich von dem Gesetz zur Verhütung erbkranken Nachwuchses dadurch, dass Sterilisation nicht zwangsweise, sondern freiwillig erfolgen sollte.

Mit dem im Juli 1933 erlassenen Gesetz, dass zum 1. 1. 1934 in Kraft trat, schuf der nationalsozialistische Staat die Grundlage für eine Indienstnahme der Hilfsschulen für seine ‚rassenhygienische' Politik. Dazu schreibt Hänsel: Mit diesem Gesetz „waren (ehemalige) Sonderschülerinnen und Sonderschüler als potentiell ‚Erbkranke' definiert und die Sonderschullehrkräfte über die Sonderschule als Institution in die Mitarbeit am Gesetz eingebunden. Die Auslese in die Sonderschule wurde damit zugleich zur Vorauslese für die Zwangssterilisation, der vor allem die als ‚angeboren Schwachsinnige' kategorisierten Hilfsschulkinder zum Opfer fielen, und die Auslese aus der Hilfsschule zur Vorauslese für die ‚Euthanasie'" (Hänsel 2019: S. 10). Ellger-Rüttgardt berichtet, dass die Zahl der im Dritten Reich sterilisierten Menschen auf 300 000 bis 400 000 (darunter eben auch Schülerinnen und Schüler der Sonderschulen) und die der im Rahmen der Euthanasie ermordeten Menschen auf 200 000 (auch darunter Schülerinnen und Schüler der Sonderschulen) geschätzt wird (1997: S. 255 und S. 257).

Ein erschreckendes Beispiel dafür, wie stark dieser Aspekt der Geschichte der Hilfs- bzw. Sonderschule lange Jahre in der bundesrepublikanischen ‚Erinnerung' ausgeblendet, wenn nicht sogar verdrängt wurde, bietet das Gutachten von Hermann Wegener, das unter der Überschrift ‚Die Minderbegabten und ihre sonderpädagogische Förderung' zu den von Roth 1968 im Auftrag des Deutschen Bildungsrates herausgegebenen Gutachten des Bandes ‚Begabung und Lernen' (Roth 1968) zählt. Dort geht Wegener, Professor und Direktor des Instituts für Psychologie der Universität Kiel, in einem Absatz zur geschichtlichen Entwicklung der Sonderschulen für Lernbehinderte auf die Jahre der nationalsozialistischen Herrschaft in Deutschland mit nur einem Satz ein: „In den Jahren von 1933 bis 1945 geriet die deutsche Hilfsschule in den Umkreis weltanschaulicher Diffamierung der Minderbegabten, so daß der weitere Auf- und Ausbau unterbrochen wurde." (Wegener 1968: S. 531)

1.3 Das Sonderschulwesen in Deutschland: Vom Kriegsende bis zum Ende der achtziger Jahre

Nach dem Ende des zweiten Weltkrieges knüpften die westdeutschen Länder und damit die Bundesrepublik Deutschland insgesamt an der Schulstruktur an, die sich in der Weimarer Republik herausgebildet hatte. Auch die Sonderschulen wurden – ebenso wie in der DDR – in diesem Rahmen weiterentwickelt und deutlich ausgebaut. Dieser Ausbauprozess soll im Folgenden auf der Grundlage der Bildungsstatistik für beide deutschen Staaten knapp nachgezeichnet werden.

Die Entwicklung in der früheren Bundesrepublik

In neueren Veröffentlichungen der Kultusministerkonferenz wird die Förderquote, die den Anteil der Schülerinnen und Schüler mit einem diagnostizierten sonderpädagogischen Förderbedarf angibt, als Anteil dieser Kinder und Jugendlichen an der Gesamtzahl aller Schüler und Schülerinnen mit Vollzeitschulpflicht gemessen. Diese derzeit gängige Definition der Förderquote lässt sich aufgrund der nicht gegebenen Verfügbarkeit der Daten auf die frühen fünfziger Jahre nicht anwenden. Auffinden bzw. rekonstruieren lassen sich dagegen Daten, die den Anteil einzelner Alters- bzw. Schuljahrgänge der Sonder-/Förderschüler an der Gesamtheit dieser Alters-/Schuljahrgänge angeben. Da Alters- bzw. Jahrgangsanteilswerte auch bis in die Gegenwart ermittelt werden können, wird im weiteren Verlauf darauf zurückgegriffen (vgl. zu den folgenden Daten Tabelle 1).

Die frühesten Daten für die damalige Bundesrepublik bietet die Studie von v. Carnap und Edding ‚Der relative Schulbesuch in den Ländern der Bundesrepublik 1952–1960' (1962). Für das Schuljahr 1952/53 wird darin berichtet, dass damals von allen zwölfjährigen Schülerinnen und Schülern 2,0 Prozent Sonderschulen besuchten; 1960/61 galt dies dieser Studie zufolge bereits für 3,0 Prozent (v. Carnap/Edding 1962 – Tabelle 6, ohne Seitenangabe). Weitere zehn Jahre später, im Schuljahr 1970/71, lernen dann in der damaligen Bundesrepublik 4,8 Prozent aller Schülerinnen und Schüler der siebten Jahrgangsstufe in Sonderschulen (Deutscher Bildungsrat 1975: S. 429). Dabei bezieht der Deutsche Bildungsrat die von ihm berichtete Schulbesuchsquoten nicht mehr auf den Jahrgang der Zwölfjährigen, sondern auf die siebte Jahrgangsstufe. Dieser Wechsel der Bezugsgruppe führt zu – wenn auch eher geringfügigen – Ungenauigkeiten bei der Bildung einer Zeitreihe.

Um 1970 ist die Expansionsphase des Sonderschulbereichs, in deren Verlauf in der damaligen Bundesrepublik erstmals auch die geistig behinderten Kinder und Jugendlichen schulpflichtig wurden (Mühl 1994: S. 18), mit einer damals erreichten Förderquote in Höhe von 4,8 Prozent abgeschlossen. Seither sinken die Förderschulbesuchsquoten: 1980/81 lag sie noch bei 4,6 Prozent. Im Schuljahr 1989/90, dem letzten vor der Vereinigung der beiden deutschen Staaten, besuchten im Westen Deutschlands nur noch 4,1 Prozent aller Schülerinnen und Schüler der Primarstufe und der Sekundarstufe I Sonderschulen (vgl. zu diesen Daten und deren Quellen Tabelle 1).

Auch bei Berücksichtigung der Tatsache, dass der Wechsel der Bezugsgruppe vom Alters- zum Schulbesuchsjahrgang kleinere Ungenauigkeiten mit sich bringt, lässt sich für die fünfziger und sechziger Jahre ohne Zweifel eine starke Expansion des Sonderschulbereichs feststellen: In knapp zwanzig Jahren stieg die Bildungsbeteiligung im Bereich der Sonderschulen von etwa zwei auf nahezu fünf Prozent. Mit Blick auf die Expansion während der fünfziger Jahre schreiben v.Carnap/Edding: „Es ist nicht anzunehmen, daß sich der Anteil der Kinder, die aus verschiedenen Gründen heilpädagogischer Förderung bedürfen, in dieser Zeitspanne erheblich verändert hat. Die Zunahme des Anteils ist vielmehr durch erhöhte Anstrengungen in den Bundesländern zu erklären, diesem besonderen Erziehungsbedürfnis gerecht zu werden" (1962: Text zu Schaubild 3 –

o. Seitenangabe). Noch Anfang der siebziger Jahre ging die Kultusministerkonferenz (im Folgenden: KMK) in ihrer ‚Empfehlung zur Ordnung des Sonderschulwesens' davon aus, dass dieser Expansionsprozess noch nicht abgeschlossen sei. Die Kultusminister sahen damals einen Expansionspfad, der bis 1985 zu einer Förderquote von 6,7 Prozent führen sollte (Deutscher Bildungsrat 1973: S. 153). Grundlage dieser Zielperspektive war die Annahme, dass auch nach den Jahren der Expansion in den allgemeinen Schulen immer noch Kinder und Jugendliche mit sonderpädagogischem Förderbedarf unterrichtet würden, die in eigens für sie geschaffenen Bildungsangeboten sonderpädagogisch besser gefördert werden könnten. Die für sie geeignete Zukunft lag zu dieser Zeit – so bringt es die KMK in diesen Jahren in ihrer ‚Empfehlung zur Ordnung des Sonderschulwesens' (KMK 1972) zum Ausdruck – in der Absonderung von den übrigen Schülerinnen und Schülern, in der Exklusion also. Mit dieser Orientierung folgte die KMK durchaus der zu dieser Zeit vorherrschenden Denkrichtung. Der schon erwähnte Wegener hatte in seinem Gutachten für den Deutschen Bildungsrat für „die sofortige Aufnahme des minderbegabten Schulanfängers in die zuständige Sonderschule" (1968: S. 358) plädiert. In seiner den Gutachtenband ‚Begabung und Lernen' einführenden Zusammenfassung der Gutachten schreibt Roth: „In der Bundesrepublik findet sich aus verschiedenen Gründen (zu wenig Sonderschulen, Widerstand der Eltern gegen Überweisung der Kinder dorthin) noch ein beträchtlicher Teil lernbehinderter Kinder in Normalschulen. Während man mit etwa 4 bis 5 % lernbehinderter Schüler rechnen kann, besuchen nur 2 % entsprechende Schulen." Und weiter formuliert Roth: „Eine wesentliche Verbesserung der gegenwärtigen Lage wäre also zu erreichen, wenn bereits Schulanfänger in geeigneten Verfahren als sonderschulbedürftig erkannt und in Sonderschulen aufgenommen würden." (Roth 1968, S. 63) Der Intention, behinderte Schülerinnen und Schüler in eigens für sie geschaffenen Schulen besser als in den allgemeinen Schulen zu fördern, entsprach (und entspricht bis heute) die personelle Ausstattung dieser Sonder- bzw. Förderschulen: Während die Schüler-je-Stelle-Relation im Schuljahr 2018/19 in den Schulen der Primarstufe im Durchschnitt aller Bundesländer bei 15,9 und in den Schulen der Sekundarstufe bei 13,5 lag, betrug diese Relation im Durchschnitt aller Förderschulen nur 5,3 (KMK 2020a: S. 28).

Mit Blick auf die hier skizzierte Phase der Entwicklung in der Bundesrepublik schreibt Preuss-Lausitz: „Die Verdrängung und das ‚schlechte Gewissen' gegenüber Kranken, Schwachen und Behinderten führte dazu, daß bei Politikern und der Öffentlichkeit die Forderungen der Sonderpädagogen, die Verhältnisse der Weimarer Zeit wiederherzustellen, auf fruchtbaren Boden fielen. Jede Kritik daran wurde gleichgesetzt mit der anfänglichen Neigung der Nationalsozialisten, die Hilfsschulen zu reduzieren" (1986: S. 109). An die von Preuss-Lausitz gebotene Erklärung für den Ausbau der Sonderschulen auch aus dem ‚schlechten Gewissen' gegenüber den Verbrechen des ‚Dritten Reiches' wird Jahre später in der Diskussion um die Rückführung eigenständiger Sonderschulen und um die Umsetzung der UN-Konvention über die Rechte von Menschen mit Behinderungen angeknüpft. So äußert sich z. B. der CDU-Abgeordnete Michael Solf in einer Debatte des nordrhein-westfälischen Landtags zur schulischen Inklusion am 1.12.2010: „Die ‚Vernichtung des lebensunwerten Lebens' war das vielleicht fürchterlichste Verbrechen überhaupt. Daraus haben wir hier in Deutschland gelernt: Wir wollten die Behinderten, denen wir so Schreckliches angetan haben, ganz besonders schützen. Genau vor diesem Hintergrund ist unser Förderschulwesen entstanden. Gott sei Dank haben sich diese Zeiten geändert. Wir beginnen zu begreifen, dass es dieser besonders geschützten Räume in einer Gesellschaft nicht mehr durchgängig bedarf. In vielen Fällen ist es besser, die Behinderten nicht von der Mehrheit zu trennen. Das, was wir vor nicht allzu langer Zeit als ‚geschützten Raum' verstanden haben, begreifen wir heute eher als etwas ohne Not Abgetrenntes" (Landtag NRW 2010: S. 10).

Die Entwicklung in der DDR

Während die schulstrukturelle Entwicklung in der DDR mit der Etablierung eines Einheitsschulsystems mit der „zehnklassigen allgemeinbildenden polytechnischen Oberschule" (POS) sowie den „zur Hochschulreife führenden Bildungseinrichtungen" (EOS) einen im Vergleich mit der früheren Bundesrepublik deutlich unterschiedenen Weg einschlug, lassen sich – was die Schulstruktur angeht – bei der Entwicklung des Sonderschulwesens deutliche Parallelen zwischen den beiden deutschen Staaten erkennen: Im ‚Gesetz über das einheitliche sozialistische Bildungssystem' vom 25.2.1965 wird bestimmt, dass es – ohne Einbeziehung in das Einheitsschulsystem – Sonderschulen gibt. In § 2(1) des Gesetzes heißt es: „Die Sonderschuleinrichtugen nehmen Kinder mit physischen oder psychischen Schädigungen auf." und in § 8(5): „Schulpflichtige mit physischen oder psychischen Schädigungen erfüllen ihre Schulpflicht in den für sie vorgesehenen staatlichen Sonderschuleinrichtungen". Die Gliederung dieser Sonderschuleinrichtungen regelt § 19(1): „Die Sonderschulen und andere sonderpädagogische Einrichungen – nachstehend Sonderschulen genannt – haben die Bildung und Erziehung aller Kinder, Jugendlichen und Erwachsenen mit wesentlichen physischen oder psychischen Schädigungen zu gewährleisten. Die Sonderschulen erfassen in entsprechenden Einrichtungen Schwerhörige und Gehörlose, Sehschwache und Blinde, Sprach- und Stimmgestörte, schulbildungsfähige Schwachsinnige, dauernd Körperbehinderte, wesentlich Verhaltensgestörte und für längere Zeit erkrankte bzw. in Einrichtungen des Gesundheitswesens stationär behandlungsbedürftige Kinder und Jugendliche." Nicht nur diese Parallelität zu den einzelnen Förderschwerpunkten und auf diese ausgerichteten Sonderschulen in der Bundesrepublik ist unverkennbar. Sie findet sich auch beim Umgang mit der Gruppe der Kinder und Jugendlichen mit einer geistigen Behinderung: In beiden deutschen Staaten unterlagen diese jungen Menschen zunächst nicht der Schulpflicht. Dies änderte sich in der damaligen Bundesrepublik erst im Verlauf der sechziger Jahre (Mühl 1994: S. 18). In der DDR gab es bis 1989 keine Schulpflicht für Kinder und Jugendliche mit einer geistigen Behinderung. Sie wurden in Rehabilitationspädagogischen Förderungseinrichtungen, die nicht unter der Aufsicht des Ministeriums für Volksbildung, sondern unter der des Ministeriums für Gesundheitswesen standen, betreut (Barsch 2013).

Insgesamt wurden im Schuljahr 1990/91 (für Schuljahr 1989/90 finden sich entsprechende Daten nicht) in den fünf neuen Bundesländern und im Ostteil Berlins 3,2 Prozent der Kinder und Jugendlichen in Sonderschulen unterrichtet. Die Bezugsgruppe ist auch hier die Schülerzahl der Jahrgangsstufen 1 bis 10 (Primar- und Sekundarstufe I einschließlich der Sonderschulen – eigene Berechnungen nach BMBW 1991: S. 46 f.).

Die Entwicklung im vereinigten Deutschland

Im Schuljahr 1990/91 lernten (unter Einschluss der Schülerinnen und Schüler des Förderschwerpunktes ‚Kranke') im vereinigten Deutschland insgesamt 3,8 Prozent der Kinder mit Vollzeitschulpflicht (Jahrgangsstufe 1 bis 9 bzw. in einzelnen Bundesländern bis 10) in Sonderschulen – 4,0 Prozent in den alten Bundesländern und im westlichen Teil Berlins, 3,2 Prozent in den neuen Bundesländern und im östlichen Teil Berlins (eigene Berechnungen nach BMBW 1991: S. 46 f. – vgl. auch Tabelle 1).

Bis zum Schuljahr 2000/01 stieg im vereinigten Deutschland die Förderschulbesuchsquote an: Ohne Einbeziehung der Schülerinnen und Schüler des Förderschwerpunktes ‚Kranke' lag sie in diesem Schuljahr in Deutschland insgesamt bei 4,5 Prozent der Schülerinnen und Schüler der Jahrgangsstufen 1 bis 9 bzw. 10 in Förderschulen (KMK 2010, S. 31 und S. 117 – eigene Berechnungen). Auch danach ist ein weiterer Anstieg zu beobachten: 2008/09, dem letzten Jahr vor Deutschlands Beitritt zur UN-Konvention, lag diese Quote in Deutschland insgeamt bei 4,8 Prozent (vgl. Hollenbach/Klemm 2020: S. 42). Bei den Daten, die sich auf die Zeit seit Beginn der neunziger Jahre beziehen, muss bedacht werden, dass die für diese Jahre berichteten Schülerzahlen der Förderschulen und damit auch die Schulbesuchsquoten der Förderschulen in zunehmendem Maße dadurch beeinflusst wurden, dass seither ein Teil der Schülerinnen und Schüler mit diagnostiziertem sonderpädagogischen Förderbedarf in den allgemeinen Schulen unterrichtet wird. Für diese Gruppe sind allerdings keine jahrgangs- und auch keine altersspezifischen Daten verfügbar.

Tabelle 1: Entwicklung der Förderschulbesuchsquoten* im Zeitverlauf (in Prozent)

Jahr	Bezugsgröße	DDR/neue Bundesländer***	BRD/alte Bundesländer***	Deutschland insgesamt
1952/53	12-jährige		2,0	
1960/61	12-jährige		3,0	
1970/71	7. Schuljahrgang		4,8	
1980/81	7. Schuljahrgang		4,6	
1989/90	7. Schuljahrgang		4,1	
	Primar- und Sekundarstufe I**	3,2	4,1	
1990/91	Primar- und Sekundarstufe I**	3,2	4,0	3,8
2000/01	Primar- und Sekundarstufe I**	6,2	4,3	4,5
2008/09	Primar- und Sekundarstufe I**	7,3	4,5	4,8

* alle Förderschwerpunkte
** einschließlich aller Schülerinnen und Schüler der Sonder- bzw. der Förderschulen
*** 1989/90 mit dem östlichen bzw. dem westlichen Teil Berlins
*** ab 1990/91 für die neuen und die alten Bundesländer ohne Berlin, für Deutschland insgesamt mit Berlin
Quellen:
für 1952/53 und 1960/61: v.Carnap/Edding 1962 – Tabelle 6 (o. S.)
für 1970/71: Deutscher Bildungsrat 1975: S. 429
für 1980/81: eigene Berechnungen nach: Statistisches Bundesamt 1981
für 1989/90: BMBW 1990: S. 54 f.
für 2000/01: eigene Berechnungen nach KMK 2010: S. 25 und S. 117
für 2008/09: eigene Berechnungen nach Hollenbach/Klemm 2020: S.: 37 f.

1.4 Der Rückbau des Förderorts Förderschule

Der Gedanke, Kinder und Jugendliche mit Behinderungen nicht länger in isolierenden Sonder-/Förderschulen, sondern gemeinsam mit den Schülerinnen und Schülern ohne einen sonderpädagogischen Förderbedarf zu unterrichten, hat in der Bundesrepublik schon vor der UN-Konvention Anhänger gefunden: Noch 1968 wird in dem von Heinrich Roth herausgegebenem Gutachten des Deutschen Bildungsrates ‚Begabung und Lernen' – wie bereits erwähnt – ein verstärkter Ausbau der Sonderschulen empfohlen (Roth 1968: S. 63). Auch in der im Januar 1969 vom Deutschen Bildungsrat verabschiedeten Empfehlung zur ‚Einrichtung von Schulversuchen mit Gesamtschulen' (Deutscher Bildungsrat 1969) als „wissenschaftliche Schule für alle" (S. 21) heißt es zur Mittelstufe der Gesamtschulen: „Alle Schüler – ausgenommen die Sonderschüler – besuchen in der Mittelstufe eine gemeinsame Schule." (S. 16) Ein Jahr später, 1970, äußert sich dieser Deutsche Bildungsrat in seinem ‚Strukturplan für das Bildungswesen', deutlich zurückhaltender: „Einige wichtige Themen, die ihren

Platz im Strukturplan gehabt hätten, bleiben späterer Behandlung vorbehalten. Dazu gehört der Bereich der Sonderschulen, dem eine erhöhte Bedeutung zukommt, wenn das Bildungswesen, wie es im Strukturplan geschieht, primär unter dem Gedanken der individuellen Förderung gesehen wird." (Deutscher Bildungsrat 1970, S. 16) Diese Lücke füllt dann eben dieser Deutsche Bildungsrat mit seiner im Oktober 1973 verabschiedeten Empfehlung ‚Zur schulischen Förderung Behinderter und von Behinderung bedrohter Kinder und Jugendlicher'. Damit leitet er einen grundsätzlichen Wandel ein. Gleich in der Einführung schreiben die Autoren: „Damit stellt sie der bisher vorherrschenden schulischen Isolation Behinderter ihre schulische Integration entgegen" (Deutscher Bildungsrat 1973: S. 16). In die gleiche Richtung weist nahezu gleichzeitig der Bildungsgesamtplan, dem die Regierungschefs von Bund und Ländern im November 1973 zugestimmt haben. In ihm heißt es im ersten Band: „Bei der Einrichtung des Sonderschulwesens ist eine möglichst enge Verzahnung mit dem allgemeinen Bildungswesen anzustreben. Art und Grad der Behinderung entscheiden über das Ausmaß der möglichen Integration und der notwendigen Differenzierung in pädagogischer und institutioneller Hinsicht. Insgesamt wird also die Sonderpädagogik nicht mehr auf das Sonderschulwesen begrenzt sein." (Bund-Länder-Kommission für Bildungsplanung 1973: S. 35). Vorgeschlagen wird im Bildungsgesamtplan die „Einrichtung von Schulversuchen zur Erprobung von Unterrichtsverfahren und Organisationsformen zur Förderung behinderter Schüler im allgemeinen und beruflichen Bildungswesen bis 1975" (S. 35).

Diese neue Denkrichtung, die in zwei wichtigen Dokumenten des Jahres 1973 vertreten ist, ist in den Folgejahren Ausgangs- und Bezugspunkt einer wachsenden Zahl von Schulversuchen zur gemeinsamen Unterrichtung von Schülerinnen und Schülern mit und ohne einen sonderpädagogischen Förderbedarf. In Berlin fand sie dann 1990 zum ersten Mal Eingang in das Schulgesetz eines Landes. In § 10a dieses Gesetzes wurde für die Grundschulen Berlins die gemeinsame Erziehung behinderter und nichtbehinderter Kinder und Jugendlicher in allgemeinen Schulen verankert – unter Ausnahme der Schülerinnen und Schüler mit einer geistigen oder schweren Mehrfachbehinderung (Merz-Atalik 2001: S. 117 ff.).

Unter ausdrücklicher Bezugnahme auf die bis dahin gemachten „Erfahrungen mit gemeinsamem Unterricht behinderter und nicht behinderter Kinder" stellt dann die KMK 1994 in ihren ‚Empfehlungen zur sonderpädagogischen Förderung in den Schulen in der Bundesrepublik Deutschland' fest: „Die Erfüllung sonderpädagogischen Förderbedarfs ist nicht an Sonderschulen gebunden; ihm (dem sonderpädagogischem Förderbedarf – Klaus Klemm) kann auch in allgemeinen Schulen, zu denen auch berufliche Schulen zählen, vermehrt entsprochen werden" (KMK 1994: S. 2). Zeitgleich, ebenfalls 1994, schuf eine Grundgesetzänderung einen breiteren Rahmen für diese veränderte Sichtweise. Dem Artikel 3(3) des Grundgesetzes wurde ein weiterer Satz hinzugefügt, so dass er seither lautet: „Niemand darf wegen seines Geschlechtes, seiner Abstammung, seiner Rasse, seiner Sprache, seiner Heimat und Herkunft, seines Glaubens, seiner religiösen oder politischen Anschauungen benachteiligt oder bevorzugt werden. Niemand darf wegen seiner Behinderung benachteiligt werden." Bemerkenswert an dieser Erweiterung ist nicht nur die Hinzufügung der Gruppe der Menschen mit Behinderungen, sondern die Tatsache, dass für sie kein Bevorzugungsverbot ausgesprohen wird. Dies bedeutet, dass sie nicht benachteiligt, wohl aber bevorzugt werden dürfen (vgl. Avenarius 2012). Im Bereich der Schulentwicklung hat sich diese neue Sichtweise seit den neunziger Jahren in einem stetigen Anwachsen der Anteile der Kinder und Jugendlichen mit einem sonderpädagogischen Förderbedarf, die in allgemeinen Schulen unterrichtet werden, niedergeschlagen: Im Schuljahr 2000/01 lag dieser Anteil in Deutschland bei 13,4 Prozent (Klemm 2013: S. 32), 2008/09 (in dem Schuljahr, in dem Deutschland der UN-Konvention über die Rechte von Menschen mit Behinderungen beitrat) bereits bei 18,8 Prozent (vgl. Tabelle 12).

1.5 Inklusion als Perspektive: Die UN-Konvention über die Rechte von Menschen mit Behinderungen

1994 wurde im spanischen Salamanca als Hauptergebnis der UNESCO-Konferenz ‚Pädagogik für besondere Bedürfnisse: Zugang und Qualität' die Salamanca-Erklärung verabschiedet. Das dieser Erklärung zu Grunde liegende Leitprinzip „besagt, dass Schulen alle Kinder unabhängig von ihren psychischen, intellektuellen, sozialen, emotionalen, sprachlichen oder anderen Fähigkeitenn aufnehmen sollen. Das soll behinderte und begabte Kinder einschließen, Straßen- ebenso wie arbeitende Kinder, Kinder von entlegenen oder nomadischen Völkern, von sprachlichen, kulturellen oder ethnischen Minderheiten sowie Kinder von von anders benachteiligten Randgruppen oder -gebieten. Diese Bestimmungen schaffen eine Reihe von Herausforderungen an Schulsysteme." (UNESCO 1994: S. 4). Im Gefolge dieser Salamanca-Erklärung beschlossen die Vereinten Nationen 2006 die ‚UN-Konvention über die Rechte von Menschen mit Behinderungen', der Deutschland im März 2009 beitrat.

Der Zweck dieser Konvention, so heißt es in ihrem ersten Artikel, liegt darin, „den vollen und gleichberechtigten Genuss aller Menschenrechte und Grundfreiheiten durch alle Menschen mit Behinderungen zu fördern, zu schützen und zu gewährleisten, und die Achtung der ihnen innewohnenden Würde zu fördern." (Beauftragter 2010: S. 4). Diese UN-Konvention betrifft die Rechte aller Menschen mit Behinderungen, darunter auch das Recht auf Bildung (Artikel 24) sowie das Recht auf Berufsausbildung und Weiterbildung (Artikel 27 d).

In der hier vorgelegten Arbeit wird es ausschließlich um das Recht auf allgemeine Schulbildung gehen. Daher wird im folgenden nur auf den Teilbereich der UN-Konvention eingegangen, der sich auf den Zugang von Menschen mit Behinderungen zum allgemeinen Schulsystem bezieht.

Den wesentlichen Entwicklungsauftrag bezüglich des allgemeinbildenden Schulwesens formuliert Artikel 24 dieser UN-Konvention (Beauftragter 2010). In ihm heißt es in der deutschen Übersetzung: „Die Vertragsstaaten anerkennen das Recht von Menschen mit Behinderungen auf Bildung. Um dieses Recht ohne Diskriminierung und auf der Grundlage der Chancengleichheit zu verwirklichen, gewährleisten die Vertragsstaaten ein integratives Bildungssystem auf allen Ebenen…". Weiter heißt es in Absatz (2) des Artikels 24:

> „Bei der Verwirklichung dieses Rechts stellen die Vertragsstaaten sicher, dass
> (a) Menschen mit Behinderungen nicht aufgrund von Behinderungen vom allgemeinen Bildungssystem ausgeschlossen werden und dass Kinder mit Behinderungen nicht aufgrund von Behinderung vom unentgeltlichen und obligatorischen Unterricht an Grundschulen und weiterführenden Schulen ausgeschlossen werden (…)".

Dieser viel zitierte Artikel 24 verpflichtet die Vertragsstaaten auch, sicherzustellen, „dass angemessene Vorkehrungen für die Bedürfnisse des Einzelnen getroffen werden", dass „Menschen mit Behinderungen innerhalb des allgemeinen Bildungssystems die notwendige Unterstützung geleistet wird, um ihre erfolgreiche Bildung zu erleichtern" und dass „wirksame individuell angepasste Unterstützungsmaßnahmen in einem Umfeld, das die bestmögliche schulische und soziale Entwicklung gestattet, angeboten werden".

Bei einem Vergleich der hier herangezogenen – zwischen Deutschland, Liechtenstein, Österreich und der Schweiz abgestimmten – Übersetzung des Artikels 24 mit der englischen Originalfassung fällt auf, dass in der nach Artikel 50 der Konvention verbindlichen englischen Version von einem „inclusive education system" die Rede ist und nicht – wie in der amtlichen deutschen Version – von einem „integrativen Bildungssystem". Darauf bezogen hat der Bundestag in einer Entschließung vom 3.12.2008 klargestellt, dass die Behindertenrechtskonvention auch nach dem Verständnis des Bundestags ein inklusives Bildungssystem einfordert (vgl. Avenarius 2012). Diese Festlegung ist nicht ohne Bedeutung, da zwischen einem integrativen und einem inklusiven Bildungssystem ein durchaus bedeutsamer Unterschied besteht. In inklusiven Bildungssystemen geht es nicht darum, Kinder und Jugendliche mit einem sonderpädagogischem Förderbedarf „in ein bestehendes System zu integrieren. Vielmehr müssen die Systeme von Beginn an so gestaltet werden, dass sie sich den verschiedenen Bedürfnissen von Kindern flexibel anpassen können und jedem Kind die Möglichkeit geben, sein individuelles Potenzial zu entfalten. Der Begriff der Inklusion geht damit weit über den Begriff der Integration hinaus" (Wulff 2011: S. 20).

2. Die Verankerung der Inklusion in den Schulgesetzen

Zur Bedeutung, die die entsprechenden Bestimmungen der UN-Konvention für das Schulwesen der deutschen Bundesländer haben, formuliert Avenarius mit Blick auf die grundgesetzlich verankerte Kulturhoheit der Länder: „Nur die Länder können also die das Schulwesen betreffenden Bestimmungen der Konvention in innerstaatliches Recht transformieren; zu einer solchen Transformation, also zu einer inhaltlichen Anpassung ihres Schulrechts an die bildungsrelevanten Konventionsvorschriften, sind sie nach dem Grundsatz der Bundestreue verpflichtet. Aber erst dann, wenn ein Land diesen Schritt vollzogen hat, können sich behinderte Schülerinnen und Schüler wie auch deren Eltern auf die durch die Konvention gewährleisteten Rechte berufen." (Avenarius 2012: S. 3) Vor diesem Hintergrund soll im Folgenden zunächst beschrieben werden, ob und inwieweit in den Schulgesetzen der einzelnen Bundesländer die Vorgaben der UN-Konvention über die Reche von Menschen mit Behinderungen umgesetzt werden.

Eine Durchsicht der rechtlichen Reglungen zur schulischen Inklusion im Bereich der allgemeinbildenden Schulen (vgl. dazu ausführlicher Klemm 2020, KMK 2018b sowie zu den Schulgesetzen der Länder KMK 2020b) führt – bezogen auf die Situation Ende 2019 – zu der Feststellung, dass alle sechzehn Bundesländer in ihren Schulgesetzen den Erziehungsberechtigten die freie Wahl zwischen den Lernorten ‚allgemeine Schule' und ‚Förderschule' einräumen, Inklusion also schulgesetzlich verankert haben. Zu der in diesem Zusammenhang gebräuchlichen Terminologie bedarf es der folgenden Erläuterung: Die KMK unterscheidet zwischen den Lernorten ‚allgemeine Schule' und ‚Förderschule'. Wenn sie von ‚allgemeinbildenden Schulen' spricht, denkt sie dabei an beide Lernorte.

Die Wahrnehmung dieses Wahlrechts wird aber in den Ländern in unterschiedlicher Weise eingeschränkt. Dies geschieht durch die Formulierung eines Ressourcenvorbehaltes, der die Aufnahme eines Kindes oder Jugendlichen mit sonderpädagogischem Förderbedarf in einer allgemeinen Schule faktisch einschränkt, sowie durch Angebotsstrukturen einzelner Bundesländer, die den Gedanken der Inklusion konterkarieren bzw. die Erreichbarkeit inklusiver Angebote nicht immer und überall sichern. Das Wahlrecht wird aber – durchaus im Sinne der UN-Menschenrechtskonvention – auch dadurch eingeschränkt, dass einzelne Länder den Lernort Förderschule für ausgewählte Förderschwerpunkte nicht mehr anbieten, also zumindest partiell die Doppelstruktur aufgeben. Hinzu kommt noch die Tatsache, dass viele Länder für Schülerinnen und Schüler der Förderschwerpunkte ‚Geistige Entwicklung', ‚Körperlich-motorische Entwicklung', ‚Hören' sowie ‚Sehen' eine begrenzte Zahl von Schwerpunktschulen eingerichtet haben: Das sind allgemeine Schulen, die so ausgestattet sind, dass sie Kinder und Jugendliche dieser Förderschwerpunkte aufnehmen und inklusiv unterrichten können. Diese Schulen liegen allerdings häufig in größerer Entfernung zum Wohnort ihrer Schülerinnen und Schüler, sind also im Einzelfall für diese schwer erreichbar. Die Bezeichnung ‚Schwerpunktschule', die für diese Schulen benutzt wird, darf nicht mit den ‚Schwerpunktschulen' in Rheinland-Pfalz verwechselt werden (vgl. dazu die Erläuterung im folgenden Absatz ‚Das Elternwahlrecht beeinträchtigende Angebotsstrukturen'). Die folgende Darstellung versucht, diese einzelnen einschränkenden Elemente länderspezifisch darzustellen.

Ressourcenvorbehalt: Elf der sechzehn Bundesländer konditionieren das Elternwahlrecht dadurch, dass sie die Anwahl des Lernortes ‚allgemeine Schule' nur dann zulassen, wenn die „fachlichen, personellen und sächlichen Voraussetzungen" (so z.B. in § 15(6) des Schulgesetzes von Baden-Württemberg) an der angewählten allgemeinen Schule gegeben sind. Lediglich fünf Bundesländer (Bremen, Hamburg, Niedersachsen, das Saarland sowie mit Wirkung zum Beginn des Schuljahres 2014/15 auch Rheinland-Pfalz) formulieren keinen derartigen Ressourcenvorbehalt. Dazu, in welchem Umfang der Zugang zu inklusivem Unterricht in allgemeinen Schulen aufgrund des Ressourcenvorbehaltes verweigert wird, sind keine Daten verfügbar.

Angebotsstrukturen, die den Inklusionsgedanken konterkarieren: Zwei Länder sehen u.a. Regelungen vor, die den Grundgedanken der Inklusion konterkarieren. In Baden-Württemberg hat die Schulaufsichtsbehörde die Möglichkeit, im Einvernehmen mit den beteiligten Schulträgern kooperative Formen des gemeinsamen Unterrichts anzubieten, Formen, in denen Schülerinnen und Schülern ohne und mit einem sonderpädagogischen Förderbedarf aus allgemeinen Schulen und aus sonderpädagogischen Bildungs- und Beratungszentren (so heißen in Baden-Württemberg die Förderschulen) nur ausgewählte gemeinsame Unterrichtsangebote und gemeinsame Aktivitäten angeboten werden. Vergleichbares findet sich in Bayern: Unter den in Bayern bestehenden fünf Formen des gemeinsamen Unterrichts findet sich mit den sogenannten ‚Partnerklassen' eine Form, in der kooperierenden Klassen aus allgemeinen Schulen und aus Förderschulen regelmäßig, aber eben nicht ausschließlich gemeinsamen Unterricht erhalten.

Das Elternwahlrecht beeinträchtigende Angebotsstrukturen: In Bayern bieten Schulen mit dem ‚Schulprofil Inklusion' neben vier weiteren Formen inklusiver Angebote Unterricht an, der auf die Vielfalt der Schülerinnen und Schüler mit und ohne sonderpädagogischen Förderbedarf ausgerichtet ist. Von diesen Schulen gibt es zur Zeit (2018/19) in Bayern 139 Grundschulen (5,8 % von insgesamt 2 409 Grundschulen), 89 Mittelschulen (9,2 % von 971 Mittelschulen), 22 Realschulen (5,9 % von insgesamt 375 Realschulen) sowie 11 Gymnasien (0,2 % von insgesamt 430 Gymnasien). Diese insgesamt 261 allgemeinen Schulen mit dem Schulprofil Inklusion (vgl. zu diesen Daten KMK 2018b: S. 10) sind gerade einmal 6,2 % der 4 185 Schulen dieser vier Schularten (vgl. zu der Gesamtzahl der Schulen: Bayerisches Landesamt für Statistik 2019: S. 5). Daneben bieten Schulen Einzelintegration, offene Klassen der Förderschulen, in denen Schülerinnen und Schüler ohne und mit Förderbedarf gemeinsam unterrichtet werden, Partnerklassen und Kooperationsklassen unter der Überschrift ‚gemeinsamer Unterricht' an, Formen, die deutlich hinter dem Grundgedanken der Inklusion zurückbleiben.

Ähnliches gilt für die in Rheinland-Pfalz – abweichend von der in den übrigen Bundesländern gebräuchlichen Bezeichnung – als ‚Schwerpunktschulen' angebotenen allgemeinen Schulen, in denen zieldifferenter Unterricht inklusiv erteilt wird. Die im Schuljahr 2018/19 insgesamt 296 Schwerpunktschulen (KMK 2018b: S. 28) stellen 21,8 % der entsprechenden 1 356 allgemeinen Schulen (Grundschulen, Realschulen plus, Gymnasien und Integrierten Gesamtschulen – vgl. dazu Statistisches Landesamt Rheinland Pfalz 2019: S. 1) dar. Auch wenn dieses Angebot durch Einzelintegration an weiteren allgemeinen Schulen erweitert wird, ist das Angebot von Inklusionsschulen nicht gleichermaßen im Land erreichbar.

In Sachsen-Anhalt wird im Schulgesetz ausdrücklich festgehalten, dass Schülerinnen und Schüler mit einem sonderpädagogischem Förderbedarf zum Besuch einer Förderschule verpflichtet sind, wenn die Förderung nicht in einer Schule einer anderen Schulform erfolgen kann.

Auch in NRW ist nicht zuletzt in Folge der ‚Neuausrichtung der Inklusion in der Schule' im Bereich der weiterführenden Schulen die Zahl der Schulen des gemeinsamen Lernens zum Schuljahr 2019/20 auf 786 Schulen begrenzt worden (vgl. zu den folgenden Daten MSB 2019a und MSB 2019b): Dies sind 44,7 % aller weiterführenden Schulen. Bei den Hauptschulen sind 141 Schulen (58,0 %) solche des gemeinsamen Lernens, bei den Realschulen 219 (51,0 %), bei den Gemeinschaftsschulen 5 (71,4 %), bei den Sekundarschulen 95 (83,3 %), bei den Gesamtschulen 290 (85,3 %) und bei den Gymnasien 36 (5,8 %).

Aufgabe von Förderschulen: Bundesländer, die – der Grundintention der ‚UN-Menschenrechtskonvention über die Rechte von Menschen mit Behinderungen' durchaus folgend – Förderschulen einzelner Förderschwerpunkte vollständig aufgelöst haben, auslaufen lassen oder aber das Auslaufen angekündigt haben, beschränken gleichfalls das Elternwahlrecht. Dies sieht in den entsprechenden Ländern wie folgt aus:

Im Stadtstaat Bremen bleiben dauerhaft Förderschulen der Förderschwerpunkte ‚Hören', ‚Sehen' sowie ‚Körperliche und motorische Entwicklung' bestehen; bis zum Schuljahr 2023/24 wird auch eine Förderschule für den Förderschwerpunkt ‚Soziale und emotionale Entwicklung' fortgeführt werden. Für die übrigen Förderschwerpunkte ist keine Wahlmöglichkeit zwischen den beiden Lernorten mehr gegeben.

In Mecklenburg-Vorpommern werden die Förderschule ‚Sprache' ab 2020/21 und die Förderschule ‚Lernen' ab Mitte der zwanziger Jahre nicht mehr fortgeführt.

In Niedersachsen können noch bestehende Förderschulen ‚Lernen' bis 2027/28 fortgeführt werden. Danach wird es keine Förderschulen dieses Schwerpunktes mehr geben. Für den Förderschwerpunkt ‚Sprache' können nur die Förderschulen dauerhaft fortgeführt werden, die Ende Juli 2015 bereits bestanden. Neugründungen können nicht mehr erfolgen.

In Schleswig-Holstein wird das Wahlrecht der Eltern bezüglich des Lernortes dadurch eingeschränkt, dass die Förderzentren ‚Lernen', ‚Sprache', ‚Emotionale und soziale Entwicklung' weitgehend zu Schulen ohne Schülerinnen und Schüler geworden sind, so dass nur der Lernort allgemeine Schule verbleibt. Schülerinnen und Schüler des Förderschwerpunktes ‚Sehen' werden im Land grundsätzlich in allgemeinen Schulen unterrichtet. Diese Schulen werden dabei vom Landesförderzentrum Sehen in Schleswig unterstützt.

Einrichtungen von Schwerpunktschulen: Einzelne Länder richten für die Förderschwerpunkte ‚Geistige Entwicklung', ‚Körperlich-motorische Entwicklung', ‚Sehen' sowie ‚Hören' bei den allgemeinen Schulen Schwerpunktschulen ein, so dass Kinder und Jugendliche mit sonderpädagogischem Förderbedarf, sofern sie keine Förderschulen besuchen, nicht jede, sondern nur ausgewählte allgemeine Schulen der Primar- und der Sekundarstufe I besuchen können. Dies gilt für Berlin, wo die Auswirkungen dieser Konzentration auf ausgewählte Standorte in Folge der Erreichbarkeit im Stadtstaat weniger stark ausfallen, sowie perspektivisch auch für Brandenburg. In Mecklenburg-Vorpommern sind für die Förderschwerpunkte ‚Hören', ‚Körperliche und motorische Entwicklung' sowie ‚Sehen' allgemeine Schulen mit ‚spezifischer Kompetenz' (vergleichbar den Schwerpunktschulen) vorgesehen.

Doppelstrukturen: Erhalt oder Abbau: In den Jahren von 2008/09 bis 2018/19 gab es deutschlandweit eine eher leichte Verringerung der Zahl der Förderschulen (vgl. Tabelle 2): Während die Schülerzahl der Jahrgangsstufen 1 bis 9 bzw. 10 deutschlandweit auf 92,2 Prozent sank, ging die der Förderschülerinnen und Förderschüler (zum Teil infolge des demographisch verursachten Rückgangs und zum Teil infolge der Umorientierung der Kinder und Jugendlichen von den Förderschulen in die allgemeinen Schulen) in diesem Zeitraum in Deutschland auf 80,8 Prozent zurück. Gleichzeitig verringerte sich die Zahl der Förderschulstandorte – etwas schwächer – auf 85,9 Prozent. In dieser Zeit ging die Zahl der Schülerinnen und Schüler je Förderschule im Durchschnitt auf 94,1 Prozent zurück.

Tabelle 2: Rückgang der Zahl der Schüler/innen, der Förderschulen und der Zahl der Schüler/innen je Schule*: 2018/19 gegenüber 2008/09 – in Prozent

Land	Schüler/innen	Förderschüler/innen	Förderschulen	Förderschüler/innen je Schule
	2018/19	2018/19	2018/19	2018/19
Baden-Württemberg	83,7	92,9	97,2	95,5
Bayern	88,7	93,6	97,8	95,7
Berlin	109,3	62,7	95,7	65,6
Brandenburg	119,4	88,0	82,8	106,3
Bremen	96,0	17,8	24,0	74,2
Hamburg	107,1	62,6	68,9	90,9
Hessen	93,8	81,8	92,7	88,2
Mecklenburg-Vorpommern	122,3	79,0	86,4	91,4
Niedersachsen	90,1	65,4	77,5	84,3
Nordrhein-Westfalen	85,0	76,2	70,0	108,8
Rheinland-Pfalz	84,9	94,2	92,9	101,4
Saarland**	87,2	85,6	87,8	97,5
Sachsen	124,2	101,0	97,5	103,6
Sachsen-Anhalt	111,4	78,1	81,8	95,5
Schleswig-Holstein	85,4	58,9	94,7	62,2
Thüringen	114,3	57,3	85,6	67,0
Deutschland	92,2	80,8	85,9	94,1

* ohne ‚Kranke'
** Im Saarland wird seit 2016/17 der sonderpädagogische Förderbedarf in den allgemeinen Schulen nur noch bei einer Umschulung in eine Förderschule erfasst.
Quellen:
Zahl der Schülerinnen und Schüler: Statistisches Bundesamt 2010 und 2019
Zahl der Förderschülerinnen und -schüler für 2008/09: KMK 2010
Zahl der Förderschülerinnen und -schüler für 2018/19: KMK 2020c
Zahl der Förderschulen: Statistisches Bundesamt 2010 und 2019

Bei einer länderspezifischen Betrachtung (vgl. Tabelle 2) fällt auf, dass in einer Reihe von Bundesländern der Rückgang der Zahl der Förderschulen deutlich geringer als im Bundesdurchschnitt (auf 85,9 Prozent) ausfällt. Zu dieser Ländergruppe, deren Rückgangsquote oberhalb von 90 Prozent liegt, zählen Baden-Württemberg, Bayern, Berlin, Hessen, Rheinland-Pfalz, Sachsen und Schleswig-Holstein. In Berlin und Sachsen ist der geringe Rückgang der Förderschulstandorte auf 95,7 Prozent (Berlin) bzw. auf 97,5 Prozent (Sachsen) auch dadurch erklärbar, dass dieser Rückgang einhergeht mit einem gleichzeitigen Anstieg der Zahl der Schülerinnen und Schüler der Jahrgangsstufen 1 bis 9/10 auf 109,3 Prozent (Berlin) bzw. auf 124,2 Prozent (Sachsen). Hinzu kommt im Falle Berlins, dass die Förderschulen deutlich kleiner geworden sind. Die durchschnittliche Schülerzahl je Förderschule ging in Berlin von 2008/09 bis 2018/19 auf 65,6 Prozent zurück. In Sachsen ist – dies erklärt auch die annähernd konstant bleibende Zahl der Schulen – nicht nur die Schülerzahl insgesamt, sondern auch die der Förderschülerinnen und -schüler weiter gestiegen. In Schleswig-Holstein ist der gleichfalls geringe Rückgang der Förderschulstandorte Folge der Tatsache, dass dort zahlreiche Standorte als Förderschulen ohne Schüler erhalten geblieben sind. Besonders bemerkenswert ist die Situation in Baden-Württemberg, Bayern und Rheinland-Pfalz: In diesen drei Bundesländern ist die Zahl der Schülerinnen auf 83,7, 88,7 und 84,9 Prozent gesunken, die der Schülerinnen und Schüler der Förderschulen dagegen deutlich geringer auf 92,9, 93,6 und 94,2 Prozent. Die Zahl der Förderschulstandorte ist in Baden-Württemberg nur auf 97,2 %, in Bayern nur auf 97,8 % und in Rheinland-Pfalz auf 92,9 % zurückgegangen.

Insgesamt zeigt sich, dass das in den Schulgesetzen der Länder unterschiedlich stark ausgeprägte Ziel ‚Inklusive Schule' zu unterschiedlich stark ausgeprägten Tendenzen, Doppelstrukturen abzubauen, geführt hat.

3. Zuweisung von Lehrkräften und Finanzierung von Schulbaumaßnahmen

Inklusive Schulen haben einen im Vergleich mit den allgemeinen Schulen, die keine Kinder mit einem sonderpädagogischen Förderbedarf unterrichten, höheren und anderen Personalbedarf und ebenso auch andere räumliche Anforderungen. Die Länder gehen damit unverkennbar unterschiedlich um.

3.1 Zuweisung von Lehrkräften

Im Folgenden wird dargestellt, wie die Ermittlung des inklusionsbedingten Lehrkräftebedarfs erfolgen und wie der ermittelte Bedarf den Schulen des gemeinsamen Lernens zugeteilt werden kann. Dabei wird nicht darauf eingegangen, dass es in einzelnen Ländern, so z. B. in Hamburg, möglich ist, aus den den Schulen bereitgestellten Mitteln für Lehrkräfte auch anderes pädagogisches Personal – z. B. Erzieherinnen oder Erzieher oder auch sozialpädagogische Fachkräfte – zu finanzieren.

Ansätze der Bedarfsermittlung

In den bundesweiten Debatten zum inklusionsbedingtem Lehrkräftebedarf finden sich – bei einer vergröbernden Beschreibung – drei unterschiedliche Ansätze:

- Ein ausgabenneutraler Ansatz geht davon aus, dass Kinder und Jugendliche mit sonderpädagogischem Förderbedarf, die nicht in einer Förderschule, sondern inklusiv in einer allgemeinen Schule (also in einer Grundschule oder in einer der weiterführenden Schulen) unterrichtet werden, in diese Schule das Volumen an Unterrichtsstunden (gleichsam im ‚Rucksack') mitbringen, das für sie in der Förderschule aufgewendet wird. Im Bundesdurchschnitt würde dies im Schuljahr 2018/19 im Durchschnitt aller Förderschwerpunkte 4,21 Wochenstunden bedeuten (KMK 2020a: S. 34). In der aufnehmenden Schule wird dieses Kind bei der Ermittlung des Lehrkräftebedarfs nicht ein weiteres Mal gezählt. Diese ausgabenneutrale Minimalvariante wendet derzeit keines der Bundesländer an.
- Der, was den Lehrkräftebedarf inklusiver Klassen angeht, am weitesten gehende Ansatz geht davon aus, dass in inklusiven Lerngruppen durchgängig

zwei Lehrkräfte präsent sein sollen. Diese Maximalvariante wird derzeit in keinem Bundesland auch nur annäherungsweise der Bedarfsermittlung zu Grunde gelegt.

- Ein zwischen diesen beiden Varianten liegender Ansatz der Bedarfsermittlung, der der Doppelzählung, berechnet den Bedarf so, dass jede Schülerin und jeder Schüler mit sonderpädagogischem Förderbedarf im inklusiven Unterricht bei der Lehrkräftezuweisung zweimal berücksichtigt wird: einmal auf der Grundlage der Schüler-je-Stelle-Relation der Förderschule und einmal auf der der aufnehmenden allgemeinen Schule. Das bedeutet z.B., dass in einer durchschnittlichen inklusiven Grundschulkasse in Deutschland, in der 20 Kinder lernen – davon zwei mit einem sonderpädagogischem Förderbedarf im Schwerpunkt ‚Lernen' und 18 ohne einen sonderpädagogischen Förderbedarf – für jedes der 20 Kinder 1,49 Wochenstunden zur Verfügung stehen (für Unterricht und außerunterrichtliche Tätigkeiten). Hinzu kommen – in Folge der ‚Doppelzählung' – für die beiden Kinder mit sonderpädagogischem Förderbedarf je Kind 4,21, zusammen also 8,42 Wochenstunden. Im Schulalltag bedeutet dies für diese Klasse, dass je Tag etwa 1,7 Unterrichtsstunden zwei Lehrkräfte zur Verfügung stehen (vgl. zu den hier eingesetzten Rechengrößen KMK 2020a: S. 34). Diesem Ansatz entspricht die Bedarfsermittlung in den einzelnen Bundesländern – wenn auch landesspezifisch unterschiedlich stark ausgeprägt – am ehesten.

Zuweisung der Lehrkräftestellen an die Schulen

Bei der Zuweisung der inklusionsbedingten Personalressourcen wurden zunächst überall in Deutschland die Lehrkräftestellen den allgemeinen Schulen ebenso wie den Förderschulen auf der Basis eines sonderpädagogischen Feststellungsgutachtens schülerbezogen (in Abhängigkeit von einer Schüler-je-Stelle-Relation) zugewiesen – unterschiedlich je nach Förderschwerpunkt. Dieses Verfahren geriet im Verlauf der Jahre seit dem Schuljahr 2008/09 in die Kritik.

In den Jahren von 2008/09 bis 2018/19 hat die Förderquote, die angibt, wie hoch der Anteil der Schülerinnen und Schüler mit einem diagnostizierten sonderpädagogischen Förderbedarf an der Gesamtheit der Kinder und Jugendlichen mit Schulpflicht in allgemeinbildenden Schulen ist, deutlich zugenommen (vgl. zu den folgenden Daten ausführlicher die Ausführungen in Abschnitt 5.1 sowie dort Tabelle 12): in Deutschland von 5,9 auf 7,4 Prozent. Wenn man diese Quote für die beiden möglichen Lernorte ‚allgemeine Schule' und ‚Förderschule' je gesondert ausweist, so zeigt sich: 2008/09 verteilte sich die gesamte Förderquote in Höhe von 5,9 Prozent zu 4,8 Prozent auf die Förderschulen und zu 1,1 Prozent auf die allgemeinen Schulen. Die Förderquote des Jahres 2018/19, die bei 7,4 Prozent lag, verteilte sich dann zu 4,2 Prozent auf die Förderschulen und zu 3,2 Prozent auf die allgemeinen Schulen. Einer Reduktion um 0,6 Prozentpunkte in den Förderschulen (von 4,8 auf 4,2 Prozent) ging einher mit einer Steigerung in den allgemeinen Schulen um 2,1 Prozentpunkte (von 1,1 auf 3,2 Prozent).

Diese Entwicklung legt eine Vermutung nahe: Da die Feststellung eines Förderbedarfs bei Kindern und Jugendlichen in den allgemeinen Schulen für diese Schulen eine zusätzliche Ressource bringt, wird ein ‚falscher' Steuerungsanreiz geschaffen. In der Drucksache 21/11428 der Bürgerschaft der Freien und Hansestadt Hamburg vom 19.12.2017 wird dieser Zusammenhang so beschrieben: „Die Zahl der Kinder mit sonderpädagogischem Förderbedarf in den Bereichen LSE (‚Lernen', ‚Sprache', ‚Emotionale und soziale Entwicklung' – Klaus Klemm) ist mit Einführung der Inklusion stark gestiegen. Zwar sank die Zahl der LSE-Schülerinnen und Schüler an den Förderschulen um rund 2400 Schülerinnen und Schüler. Im Gegenzug meldeten die allgemeinen Schulen aber einen Anstieg der LSE-Schülerinnen und Schüler um rund 6000. Das heißt, dass weniger als die Hälfte der derzeit rund 6400 an den allgemeinen Schulen unterrichteten Kinder mit sonderpädagogischem Förderbedarf LSE im Zuge der Inklusion an die allgemeinen Schulen gekommen ist. Mehr als die Hälfte der heute gemeldeten förderbedürftigen Kinder war dagegen schon immer an den allgemeinen Schulen und wurde dort früher ohne zusätzliche Förderung mit den Bordmitteln der Schulen im Regelunterricht beschult" (Bürgerschaft der Freien und Hansestadt Hamburg 2017: S. 4). Wocken charakterisiert diesen Zusammenhang recht ruppig, wenn er formuliert: Der festgestellte sonderpädagogische Unterstützungsbedarf hat „die Funktion eines Berechtigungsscheins für Lehrerstunden." (erstmals 1996: S. 349)

Zur Vermeidung der hier skizzierten Problematik sind in den vergangenen Jahren eine Reihe von Bundesländern dazu übergegangen, die bisherige Praxis der Zuweisung von Personalressourcen an die Schulen umzustellen: Während bis dahin für die einzelnen Förderschwerpunkte Schüler-je-Stellen-Relationen festgelegt wurden und die Stellenzuweisung aufgrund der Zahl der Schülerinnen und Schüler der einzelnen Förderschwerpunkte und der festgesetzten Relationen – also schülerbezogen – erfolgte, werden in den drei Stadtstaaten Berlin, Bremen und Hamburg sowie in Nordrhein-Westfalen, im Saarland und in Schleswig-Holstein die Personalressourcen für den inklusiven Unterricht systemisch zugewiesen. Dabei wird den einzelnen Schulen des gemeinsamen Lernens, jede einzelne von ihnen als System betrachtet, zusätzlich zu den Lehrkräftestellen, die sie bekämen, wenn sie ausschließlich Schülerinnen und Schüler ohne einen sonderpädagogischen Förderbedarf hätten, ein Stellenbudget für sonderpädagogische Förderung zugeteilt. Der Umfang dieses Zusatzbudgets ist abhängig von der Schülerzahl und vom sozialen Umfeld der jeweiligen Schule. Dieses Verfahren einer systemischen Zuweisung kommt nur für die Förderschwerpunkte ‚Lernen', ‚Sprache' sowie ‚Emotionale und soziale Entwicklung' (zusammen: LSE) zur Anwendung – für Förderschwerpunkte also, bei denen für die Diagnose erheblicher Ermessensspielraum beobachtet werden kann. Unter den Schülerinnen und Schülern mit sonderpädagogischem Förderbedarf hält diese Gruppe an der Gesamtheit der sonderpädagogisch zu fördernden Kinder und Jugendlichen der allgemeinen Schulen 2018/19 bundesweit einen Anteil von 67,0 Prozent (vgl. Tabelle 6). Für die übrigen Förderschwerpunkte erfolgt auch in den Ländern mit systemischer Zuweisung eine schülerbezogene Zuweisung.

3.2 Finanzierung von Schulbaumaßnahmen

Kricke u.a. (2018) benennen in ihrer Veröffentlichung ‚Raum und Inklusion – Neue Konzepte im Schulbau' im baulichen Bereich zwei zentrale Handlungsfelder: „1. Herstellung einer Barrierefreiheit in einem umfassenden Sinne und 2. die zusätzliche Versorgung mit Differenzierungs-, Bewegungs- und Rückzugsräumen sowie den gezielten Ausbau von Ganztagsbereichen, da diese für einen inklusiven Schulbetrieb grundlegend sind." (S. 45) Auch wenn der Einschätzung, dass der Ganztagsbetrieb einer Schule für inklusives Arbeiten grundlegend ist, nicht gefolgt werden muss, bleibt die Feststellung, dass die Einführung des gemeinsamen Lernens bei alten Schulgebäuden eine an den Anforderungen inklusiven Arbeitens orientierte Nachrüstung und bei neu zu errichtenden Schulgebäuden von Anfang an einen inklusionsorientierten Schulbau erfordert. Aus diesem Tatbestand haben die Schulträger überall in Deutschland die Forderung abgeleitet, dass ihr Land die mit der Einführung der Inklusion entstehenden zusätzlichen Ausgaben erstattet. Sie berufen sich dabei auf das Konnexitätsprinzip, demzufolge Kosten für die Erfüllung einer Aufgabe, die das Land den Kommunen vorschreibt, den Kommunen vom Land erstattet werden müssen (‚wer bestellt bezahlt').

Tatsächlich unterstützen mit Baden-Württemberg, Niedersachsen, Nordrhein-Westfalen und Rheinland-Pfalz vier Bundesländer ihre Schulträger bei der inklusionsorientierten Ausstattung ihrer Schulen (vgl. dazu Klemm 2020). Bei den drei Stadtstaaten Berlin, Bremen und Hamburg sind die Länder selbst Schulträger, so dass der Aspekt der Kostenerstattung irrelevant ist. Die übrigen neun Bundesländer stehen auf dem Standpunkt, dass das Konnexitätsprinzip bei der Einführung des gemeinsamen Lernens nicht zur Anwendung kommen muss.

4. Die Akteure in den Schulen: Das pädagogische Personal und die Schülerinnen und Schüler

Im Verlauf der Entwicklung hin zu einem inklusiv ausgerichteten Schulsystem verändern sich in den Schulen die pädagogischen Teams ebenso wie die Zusammensetzung der Schülerschaft.

4.1 Pädagogische Teams

In den inklusiven Schulen der deutschen Bundesländer arbeiten – unterschiedlich stark ausgeprägt – multiprofessionelle Teams: Lehrkräfte der allgemeinen Schulen, sonderpädagogische Lehrkräfte, Sozialpädagoginnen und Sozialpädagogen, Sozialarbeiterinnen und Sozialarbeiter, Erzieherinnen und Erzieher, Integrationshelferinnen und -helfer bzw. Schulbegleiterinnen/Schulbegleiter (nach § 53 Sozialgesetzbuch XII sowie nach § 35a Sozialgesetzbuch VIII – zur Begrifflichkeit vgl. Demmer/Heinrich/Lübeck 2017: S. 33 f.). Hinzu kommen weitere Fachkräfte wie Psychologen und Psychologinnen, Logopädinnen und Logopäden, Ergotherapeutinnen und -therapeuten – jeweils in Abhängigkeit von dem individuellen Unterstützungsbedarf der Schülerinnen und Schüler. Die Stabilisierung und Weiterentwicklung dieser Teams wird in den kommenden Jahren durch Entwicklungen auf dem Arbeitsmarkt an Grenzen stoßen.

Lehrkräfte

Überall in Deutschland werden Lehrerinnen und Lehrer mit der Lehramtsausbildung für die Grundschule bzw. für Schulen des Primarbereichs, für die nicht gymnasialen Schulformen des Sekundarbereichs I und für die Förderschulen fehlen. In der jüngsten Lehrerbedarfsprognose der KMK aus dem Jahr 2019 (KMK 2019a) wird erwartet, dass bis zum Schuljahr 2025/26 bundesweit etwa 10 800 Lehrerinnen und Lehrer mit der Lehramtsprüfung für die Primarstufe, etwa 2 300 Lehrerinnen und Lehrer mit der Lehramtsqualifikation für die Primarstufe und die Sekundarstufe I (einzelne Bundesländer bilden noch für dieses stufenübergreifende Lehramt aus), weitere etwa 17 200 mit der Qualifikation für die nicht gymnasialen Schulen des Sekundarbereichs I sowie etwa 7 200 Lehrkräfte mit einer Ausbildung für die Förderschulen fehlen werden (vgl. Tabelle 3). Ob und inwieweit die in allen Bundesländern vorgesehenen Maßnahmen der Lehrerfortbildung für die Aufgaben des gemeinsamen Unterrichts (vgl.

dazu KMK 2018b: S. 96–112 sowie Amrhein/Badstieber 2013) angesichts des aufziehenden Lehrkräftemangels und der steigenden Zahl von ‚Seiteneinsteigern' in den Lehrerberuf Wirkung zeigen können, lässt sich einstweilen nicht beurteilen. Die Befunde, die Daschner/Hanisch (2019) zum Zustand der ‚Lehrkräftefortbildung in Deutschland' erarbeitet haben, veranlassen zu großer Skepsis: Zum Themenbereich ‚Inklusion' halten sie die Fortbildungsangebote für völlig unzureichend. Zusammenfassend formulieren sie im Anschluss an Amrhein/Badstieber (2013): „Die strukturellen Ergebnisse zeigen, dass die Formate der Fortbildungsveranstaltungen zeitlich sehr kurz (42 % unter sechs Stunden) und singulär (92 %) sind. Die Adressaten sind eher einzelne Lehrkräfte als Teams oder ganze Kollegien. Auch sind die Ausschreibungen in der Regel nicht an das ganze pädagogische Personal und selten an Teams gerichtet." (2019: S. 52)

Tabelle 3: Lehrkräftemangel nach Lehrämtern – Deutschland 2019/20 bis 2025/26 (kumulierte Werte)

Primarstufe	10 773
Primarstufe/Sekundarstufe I	2 316
nicht gymnasiale Sekundarstufe I	17 243
Sonderpädagogik	7 226

Quelle: KMK 2019a

Tabelle 4: Voraussichtlicher zusätzlicher Personalbedarf und potentielle Zugänge in Kindertageseinrichtungen bis 2025

Deutschland			
bis zum Jahr	zusätzlicher Personalbedarf	potentielle Zugänge	Personalmangel
2025	222 000	188 000	–34 000
Westdeutschland			
2025	198 000	144 000	–54 000
Ostdeutschland			
2025	24 000	44 000	+20 000

Quelle: Autorengruppe Bildungsberichterstattung 2020: Tabelle C4-11web.

Erzieherinnen und Erzieher

Ausweislich der entsprechenden Prognosen im Bildungsbericht ‚Bildung in Deutschland 2020' werden bis 2025 insgesamt 34 000 Erzieherinnen und Erzieher fehlen (vgl. Tabelle 4). Der Mangel wird in Westdeutschland bei 54 000 liegen, für Ostdeutschland wird ein Überschuss von etwa 20 000 erwartet. Bei dieser Abschätzung ist der Mehrbedarf, der durch einen am Bedarf orientierten Ausbau der Krippenplätze für unter dreijährige Kinder sowie durch die Einführung des Rechtsanspruchs auf einen Platz in der Ganztagsgrundschule entsteht, noch nicht einmal berücksichtigt.

Integrationshelfer/Integrationshelferinnen bzw. Schulbegleiter und -begleiterinnen

Demmer/Heinrich/Lübeck schreiben in ihrer Studie zur ‚Funktion und Funktionalität von Schulbegleitung im inklusiven Schulsystem!?': „Es würde eine eigene Form des Bildungsmonitoring notwendig machen, um aktuelle und belastbare Zahlen für die Anzahl von Schulbegleitungen im deutschen Schulsystem zu ermöglichen." (2017: S. 40). Da diese Feststellung auch zur Zeit noch zutrifft, kann hier nur darauf verwiesen werden, dass überall in Deutschland von einem rasanten Anstieg der Schulbegleitungen berichtet wird. Dazu zwei ausgewählte Beispiele:

- So berichten Schneider u.a. in ihrem ‚Dritten Bericht zur Evaluation des Gesetzes zur Förderung kommunaler Aufwendungen für die schulische Inklusion in Nordrhein-Westfalen', dass in Nordrhein-Westfalen schon von 2013/14 bis 2016/17 ein Zuwachs von 3 041 Integrationshilfefällen festzustellen war (in 151 von insgesamt 219 Sozial- und Jugendämtern Nordrhein-Westfalens). Das entsprach einem Zuwachs um 36 Prozent.
- Eine vergleichbare Entwicklung referieren Demmer/Heinrich/Lübke für Bayern: Dort hat es in den zwei Jahren von 2009 bis 2011 eine Steigerung der Fälle um 40 Prozent gegeben (2017: S. 40).

Vor dem Hintergrund dieser expansiven Entwicklung, die leicht um weitere Beispiele ergänzt werden kann, und der damit verbundenen Steigerung der Nachfrage nach Schulbegleitung kann es nicht verwundern, dass es hinsichtlich der Qualität dieser Begleitung kritische Einschätzungen gibt. Demmer/Heinrich/Lübke schreiben dazu: „Es existieren keine Standards über die Kompetenzen, die Schulbegleitungen für die Ausübung ihrer Tätigkeit nachweisen müssen. Dadurch ist die Personengruppe ‚Schulbegleiterinnen und Schulbegleiter' hinsichtlich ihrer Qualifikation und beruflichen Vorerfahrungen äußerst heterogen." (2017: S. 18) Diese Heterogenität erklärt dann auch die nordrhein-westfälischen Befunde von Schneider u.a. zu den Ausgaben je Stunde für Integrationshilfe (vgl. dazu Tabelle 5): Die durchschnittlichen Stundensätze im unteren Quartil der Integrationshelfer bzw. -helferinnen liegen bei 18,09 Euro, die im oberen Quartil dagegen bei 32,38 Euro.

Tabelle 5: Ausgaben für Integrationshilfe je Betreuungsstunde in Euro (NRW 2016/17)

bis unter 25 %	18,09
25 % bis unter 50 %	22,46
50 % bis unter 75 %	25,51
75 % bis 100 %	32,38

Quelle: Schneider u. a. 2017: S. 61

Fazit

Multiprofessionalität kennzeichnet die pädagogischen Teams der inklusiven Schulen. Die künftige Entwicklung dieser Teams wird – was Lehrkräfte und Erzieherinnen bzw. Erzieher angeht – durch einen Mangel neu ausgebildeter Kräfte geprägt, sogar gefährdet sein. Hinsichtlich der Integrationshelfer und -helferinnen bzw. der Schulbegleiter und -begleiterinnen, die künftig noch verstärkt nachgefragt werden, fehlt es einstweilen an Standards für ihre Qualifikation.

4.2 Schülerinnen und Schüler

In der bereits angeführten UN-Konvention über die Rechte von Menschen mit Behinderungen werden zu den „Menschen mit Behinderungen" die Menschen gezählt, „die langfristige körperliche, seelische, geistige oder Sinnesbeeinträchtigungen haben, welche sie in Wechselwirkungen mit verschiedenen Barrieren an der vollen, wirksamen und gleichberechtigten Teilhabe an der Gesellschaft hindern können" (Artikel 1). Offensichtlich an diese Formulierung angepasst heißt es z. B. in den niedersächsischen ‚Ergänzenden Bestimmungen zur Verordnung eines Bedarfs an sonderpädagogischer Unterstützung' vom 31. 1. 2013: „Zu den Menschen mit Behinderungen oder mit drohender Behinderung gehören Kinder und Jugendliche, die langfristige körperliche, seelische, geistige Beeinträchtigungen oder Sinnesbeeinträchtigungen haben, welche sie in Wechselwirkungen mit verschiedenen Barrieren ihres Umfelds an der vollen, wirksamen und gleichberechtigten Teilhabe hindern können" (Niedersächsisches Kultusministerium 2013).

Förderschwerpunkte

Die in diesen Formulierungen angesprochenen Beeinträchtigungen werden in allen Bundesländern in sieben verschiedene sonderpädagogische Förderschwerpunkte unterteilt (vgl. Anhang 2 zu der jährlich erscheinenden KMK-Veröffentlichung ‚Sonderpädagogische Förderung in Schulen' – KMK 2020c: S. 123 sowie Tabelle 6), nämlich in Förderschwerpunkte im Bereich

- des Lern- und Leistungsverhaltens, insbesondere des schulischen Lernens, des Umgehen-Könnens mit Beeinträchtigungen beim Lernen (Lernen),
- der Sprache, des Sprechens, des kommunikativen Handelns, des Umgehen-Könnens mit sprachlichen Beeinträchtigungen (Sprache),
- der emotionalen und sozialen Entwicklung, des Erlebens und der Selbststeuerung, des Umgehen-Könnens mit Störungen des Erlebens und Verhaltens (emotionale und soziale Entwicklung),
- der geistigen Entwicklung, des Umgehen-Könnens mit geistiger Behinderung (geistige Entwicklung),
- der körperlichen und motorischen Entwicklung, des Umgehen-Könnens mit erheblichen Beeinträchtigungen im Bereich der Bewegung und mit körperlicher Behinderung (körperliche und motorische Entwicklung),
- des Sehens, der visuellen Wahrnehmung, des Umgehen-Könnens mit einer Sehschädigung (Sehen) sowie
- des Hörens, der auditiven Wahrnehmung und des Umgehen-Könnens mit einer Hörschädigung (Hören).
- Hinzu kommt noch der Förderschwerpunkt bei lang andauernder Erkrankung und beim Umgehen-Können mit einer lang andauernden Erkrankung. Die Schülerinnen und Schüler an Schulen für Kranke werden in der Gruppe der Kinder und Jugendlichen mit sonderpädagogischer Förderung statistisch miterfasst, jedoch seitens der KMK nicht in die Berechnung von Förder- und Förderschulbesuchsquoten einbezogen (vgl KMK 2020c: S. XIII).

In zwei dieser Förderschwerpunkte, nämlich in den Schwerpunkten ‚Lernen‘ und ‚Geistige Entwicklung‘ wird zieldifferenter Unterricht, in den übrigen fünf Schwerpunkten zielgleicher Unterricht erteilt. Beide Varianten beziehen sich auf die Bildungsziele der Bildungspläne der einzelnen Schularten: Die Voraussetzung für die Teilnahme am zielgleichen Unterricht ist, dass von den Schülerinnen und Schülern die für die jeweilige Schulart festgelegten Bildungsziele wahrscheinlich erreicht werden können. Bei der Teilnahme am zieldifferenten Unterricht wird dies nicht erwartet.

Über den Bedarf an sonderpädagogischer Förderung wird in allen Bundesländern auf der Grundlage festgelegter Vorgaben entschieden. Wesentliche Elemente sind dabei ein Antrag auf die Eröffnung des Verfahrens (in einigen Ländern seitens der Schule, in einigen seitens der Schule oder der Erziehungsberechtigten). Auf der Grundlage eines solchen Antrags wird durch eine sonderpädagogische Lehrkraft (in einzelnen Ländern in Zusammenarbeit mit einer Lehrkraft einer allgemeinen Schule) ein Gutachten erstellt. In einigen Ländern werden die Eltern in den Prozess der Gutachtenerstellung einbezogen. Das fertiggestellte Gutachten, das auch den Förderschwerpunkt benennt, geht an die zuständige Schulaufsichtsbehörde, die über den Bedarf an sonderpädagogischer Förderung und über den Förderschwerpunkt entscheidet. Sie berät die Eltern hinsichtlich der Wahl des Förderortes (inklusives Lernen in einer allgemeinen Schule bzw. Lernen in einer Förderschule mit dem gutachterlich vorgeschlagenem Förderschwerpunkt). Die Eltern wählen schließlich den Förderort.

Tabelle 6: Schüler und Schülerinnen mit sonderpädagogischem Förderbedarf nach Förderschwerpunkten und Lernorten – Deuschland 2018/19

Förderschwerpunkte	insgesamt		Lernort	
	absolut	in Prozent	Förderschule	Allgemeine Schule
alle Förderschwerpunkte*	544 640	100,0	309 844	234 796
Lernen (L)	192 600	35,4	85 196	107 404
Sprache (S)	56 345	10,3	28 696	27 649
Emotionale und soziale Entwicklung (E)	95 765	17,6	41 439	54 326
Lernen, Sprache, Emotionale und soziale Entwicklung (ohne Ausdifferenzierung)	19 954	3,7	19 954	0
LSE (insgesamt)	364 664	67,0	175 285	189 379
Geistige Entwicklung (GE)	94 192	17,3	81 519	12 673
Körperliche und motorische Entwicklung (KM)	37 661	6,9	23 866	13 795
Hören	21 875	4,0	10 455	11 420
Sehen	9 385	1,7	4 590	4 795
übergreifend bzw. ohne Zuordnung	16 863	3,1	14 129	2 734

* ohne ‚Kranke'
Quelle: eigene Berechnungen auf der Grundlage von KMK 2020c

Unbeschadet einzelner Unterschiede bei den länderspezifischen Verfahren zur Feststellung eines sonderpädagogischen Förderbedarfs muss die Belastbarkeit der im Verlauf dieser Verfahren erstellten Gutachten vor dem Hintergrund beachtlicher Länderunterschiede hinterfragt werden: Wie an späterer Stelle (im Abschnitt 5.2 und in Tabelle 12) dargestellt wird, weichen die Prozentanteile der Kinder und Jugendlichen, bei denen ein sonderpädagogischer Förderbedarf diagnostiziert wird, erheblich voneinander ab: 2008/09, dem letzten Schuljahr vor Deutschlands Beitritt zur UN-Konvention, wurde in Mecklenburg-Vorpommern bei 11,4 Prozent aller Schülerinnen und Schüler mit Vollzeitschulpflicht (also der Jahrgangsstufen 1 bis 9 bzw. in einigen Bundesländern 10) ein solcher Förderbedarf festgestellt, in Hessen dagegen bei nur 4,5 Prozent (Bundesdurchschnitt 5,9 Prozent). 2018/19, dem letzten Schuljahr, zu dem zur Zeit Daten vorliegen, findet sich auf insgesamt deutlich gestiegenem Niveau immer noch eine Spreizung, die von 5,3 Prozent in Hessen bis zu 9,1 Prozent in Mecklenburg-Vorpommern reicht (Bundesdurchschnitt 7,4 Prozent).

Soziodemographische Merkmale

Zunächst soll – in Vorbereitung auf die dann folgenden Analysen – die Gruppe der ‚Menschen mit Behinderungen', der die UN-Konvention den Zugang zum „unentgeltlichen und obligatorischen Unterricht an Grundschulen und weiterführenden Schulen " sichern will, näher beschrieben werden.

In Deutschlands allgemeinbildenden Schulen werden (zählt man, wie eingangs bereits erläutert, die Kinder und Jugendlichen mit dem Förderschwerpunkt ‚Kranke' nicht mit) im Schuljahr 2018/19 insgesamt 544 640 Schülerinnen und Schüler mit einem diagnostizierten sonderpädagogischem Förderbedarf unterrichtet. In der KMK-Definition umfasst der Begriff ‚allgemeinbildende Schule' die beiden Lernorte ‚allgemeine Schule' (das sind alle allgemeinbildenden Schulen ohne die Förderschulen) und Förderschule. Diese Schülerinnen und Schüler verteilen sich auf die beiden Lernorte allgemeine Schule und Förderschule so: 309 844 lernen in Förderschulen und 234 796 in allgemeinen Schulen (vgl. Tabelle 6). Ein Drittel aller Schülerinnen und Schüler mit sonderpädagogischem Förderbedarf sind Mädchen, zwei Drittel Jungen. Dieses Verteilungsmuster findet sich in den allgemeinen Schulen ebenso wie in den Förderschulen (vgl. Tabelle 7).

Tabelle 7: Schülerinnen und Schüler mit sonderpädagogischem Förderbedarf nach Geschlecht und Lernorten (prozentuale Verteilung) – Deutschland 2018/19

Geschlecht	Lernort		
	insgesamt	Förderschule	allgemeine Schule
Insgesamt	100,0	100,0	100,0
Mädchen	35,2	34,9	35,7
Jungen	64,8	65,1	64,3

Quelle: eigene Berechnungen nach: Statistisches Bundesamt 2019: S. 45 und S. 230

Anders als gelegentlich vermutet, unterscheidet sich in der Gruppe der Sechs- bis unter Sechzehnjährigen der Anteil der Kinder und Jugendlichen mit sonderpädagogischem Förderbedarf bei denen mit einer deutschen Staatsangehörigkeit kaum von dem entsprechenden Anteilswert der nicht deutschen Schülerinnen und Schüler: Der Unterschied zwischen diesen beiden Gruppen (mit und ohne deutsche Staatsangehörigkeit) liegt bei 0,3 Prozentpunkten (vgl. Tabelle 8). Hier wird auf die Staatsangehörigkeit Bezug genommen, weil die schulstatistischen Daten des Statistischen Bundesamtes den Migrationshintergrund nicht erfassen. Allerdings wird dieser Befund auch, wenn auch nur nur für die drei Förderschwerpunkte ‚Lernen', ‚Emotionale und soziale Entwicklung' sowie ‚Sprache' (das sind 67 Prozent der Schülerinnen und Schüler mit sonderpädagogischem Förderbedarf – vgl. Tabelle 6) und nur für die Viertklässler der Grundschulen im IQB-Bildungstrend 2016 durch das Institut zur Qualitätsentwicklung im Bildungswesen (IQB) tendenziell gestützt. Dort wird berichtet, dass 2016 bei 4,9 Prozent der Kinder vierter Klassen aus Familien ohne Migrationshintergrund ein sonderpädagogischer Förderbedarf in einem der drei genannten Förderschwerpunkte diagnostiziert wurde, bei Kindern, deren Eltern beide im Ausland geboren wurden, lag dieser Anteil mit 5,3 Prozent nur geringfügig höher (Stanat u. a. 2017: S. 297).

Tabelle 8: Schülerinnen und Schüler mit sonderpädagogischem Förderbedarf nach Staatsangehörigkeit in Prozent der 6- bis unter 16-jährigen – Deutschland 2018/19

Staatsangehörigkeit	6 bis unter 16*	Schülerinnen und Schüler – absolut**	Schülerinnen und Schüler – in Prozent
Insgesamt	7 377 040	556 317	7,5 %
Deutsch	6 578 582	494 306	7,5 %
ausländisch	798 458	62 011	7,8 %

Quellen:
* Statistisches Bundesamt 2019b
** KMK (2020c) – einschließlich ‚Kranke'

Tabelle 9: Verteilung der Schülerinnen und Schüler der Förderschulen auf Förderschwerpunkte – nach Staatsangehörigkeit (2018/19)

Förderschwerpunkt	deutsch		nicht deutsch	
	absolut	in Prozent	absolut	in Prozent
alle*	269 820	100,0	40 024	100,0
‚Lernen'	72 684	26,9	12 512	31,3
Sonstige	197 136	73,1	27 512	68,7

* ohne ‚Kranke'
Quelle: KMK 2020c

Die Frage, wie sich deutsche und nicht deutsche Schülerinnen und Schüler mit einem sonderpädagogischen Förderbedarf auf die einzelnen Förderschwerpunkte verteilen, lässt sich nur für die Verteilung innerhalb der Förderschulen untersuchen, da Daten dazu für die allgemeinen Schulen nicht vorliegen. Auch dies gilt aufgrund der Datenlage nur eingeschränkt für den Förderschwerpunkt ‚Lernen' sowie für die Gesamtheit aller sonstigen Förderschwerpunkte (ohne ‚Kranke'). Dabei zeigen sich leichte Unterschiede (vgl. Tabelle 9): Von den deutschen Kindern und Jugendlichen mit sonderpädagogischem Förderbedarf besuchen 26,9 Prozent eine Förderschule mit dem Förderschwerpunkt ‚Lernen', die übrigen 73,1 Prozent sind einem der anderen Förderschwerpunkte zugeordnet. Bei Schülerinnen und Schülern mit nicht deutscher Staatsbürgerschaft gilt dies für 31,3 Prozent (‚Lernen') bzw. für 68,7 Prozent (sonstige Förderschwerpunkte).

Wenn man die soziale Herkunft der Schülerinnen und Schüler mit sonderpädagogischem Förderbedarf betrachtet und dabei die Bestimmung des sozioökonomischen Status an der Art der Tätigkeit, der Stellung im Beruf, der Weisungsbefugnis sowie der erforderlichen Qualifikation des Vaters bzw. der Mutter bestimmt (vgl. Ericson/Goldthorpe/Portocarero 1979 – in Tabelle 10 als EGP-Klassen aufgenommen), so ergibt sich das folgende Bild:

- Bei Kindern aus den beiden EGP-Klassen I und II, dies sind Familien mit einem hohen sozioökonomischen Status, wird bei 3,2 Prozent dieser Gruppe ein sonderpädagogischer Förderbedarf in den Förderschwerpunkten ‚Lernen', ‚Emotionale und soziale Entwicklung' oder ‚Sprache' diagnostiziert.
- Bei Kindern aus den drei EGP-Klassen III, IV und V, dies sind Familien mit einem mittleren sozioökonomischen Status, wird bei 7,2 Prozent dieser Gruppe ein sonderpädagogischer Förderbedarf in den Förderschwerpunkten ‚Lernen', ‚Emotionale und soziale Entwicklung' oder ‚Sprache' diagnostiziert.
- Bei Kindern aus den beiden EGP-Klassen VI und VII, dies sind Familien mit einem niedrigen sozioökonomischen Status, wird bei 10,6 Prozent dieser Gruppe ein sonderpädagogischer Förderbedarf in den Förderschwerpunkten ‚Lernen', ‚Emotionale und soziale Entwicklung' oder ‚Sprache' diagnostiziert.

Tabelle 10: Prozentuale Anteile von Schülerinnen und Schülern mit sonderpädagogischem Förderbedarf* an allen Schülerinnen und Schülern nach sozioökonomischem Status – Deutschland 2016

EGP-Klassen	sozialer Status	Prozentanteile
EGP I–II	hoch	3,2
EGP III–V	mittel	7,2
EGP VI–VII	niedrig	10,6

* nur Förderschwerpunkte ‚Lernen', ‚Emotionale und soziale Entwicklung' sowie ‚Sprache'
Quelle: Stanat u. a. (Hrsg.)(2017)

Fazit

Von den nahezu 545 000 Schülerinnen und Schülern mit einem diagnostizierten sonderpädagogischen Förderbedarf lernen mit fast 310 000 etwa 57 Prozent am Lernort Förderschule und mit fast 235 000 etwa 43 Prozent am Lernort allgemeine Schule. Mit gut einem Drittel stellen die Schülerinnen und Schüler des Förderschwerpunktes ‚Lernen' die größte Gruppe, etwa gleichauf gefolgt von denen der Förderschwerpunkte ‚Emotionale und soziale Entwicklung' sowie ‚Geistige Entwicklung' (jeweils nahezu 17 Prozent). Die Anteile der übrigen Schwerpunkte liegen bei 10 Prozent (‚Sprache') oder deutlich darunter. Etwa zwei Drittel der Gesamtgruppe sind Jungen, bei fast 11 Prozent der Kinder aus Familien mit einem niedrigen sozioökonomischen Status wurde ein sonderpädagogischer Förderbedarf diagnostiziert, bei denen aus Familien mit einem hohen sozioökonomischem Status galt dies nur für etwa 3 Prozent. Kinder und Jugendliche mit einer nichtdeutschen Staatsbürgerschaft sind zahlenmäßig nur geringfügig stärker als die mit einer deutschen Staatsbürgerschaft in der Gruppe der Schülerinnen und Schüler mit einem diagnostizierten sonderpädagogischem Förderbedarf vertreten. Vergleichbar geringfügig sind auch die Unterschiede zwischen Schülerinnen und Schülern mit und ohne einen Migrationshintergrund.

5. Inklusion in Deutschlands Schulen: Eine bildungsstatistische Momentaufnahme 2018/19

Im folgenden Abschnitt soll eine Analyse bildungsstatistischer Daten herausarbeiten, wie weit Deutschlands Schulen bis 2018/19 bei der Umsetzung des Entwicklungsauftrages drer UN-Konvention gekommen sind. Dieser Auftrag wird – daran sei noch einmal erinnert – in Absatz (2) des Artikels 24 so formuliert: „Bei der Verwirklichung dieses Rechts stellen die Vertragsstaaten sicher, dass (a) Menschen mit Behinderungen nicht aufgrund von Behinderungen vom allgemeinen Bildungssystem ausgeschlossen werden und dass Kinder mit Behinderungen nicht aufgrund von Behinderung vom unentgeltlichen und obligatorischen Unterricht an Grundschulen und weiterführenden Schulen ausgeschlossen werden (...)". Um festzustellen, ob Deutschland diesem Entwicklungsauftrag nachkommt, muss etwas ausgeholt werden.

Die statistischen Darstellungen der Unterrichtung von Schülerinnen und Schülern mit einem sonderpädagogischen Förderbedarf, die die KMK regelmäßig veröffentlicht (zuletzt KMK 2020c), stützen sich auf die folgenden Daten: Zum einen auf die Gesamtheit aller Schülerinnen und Schüler, die der Schulpflicht in allgemeinbildenden Schulen unterliegen, die also die Jahrgangsstufen eins bis neun (bzw. in einzelnen Bundesländern bis zehn) der allgemeinen Schulen (das sind in der KMK-Terminologie alle allgemeinbildenden Schulen ohne die Förderschulen) oder die Förderschulen besuchen, und zum anderen auf die Gesamtheit der Schülerinnen und Schüler, bei denen ein sonderpädagogischer Förderbedarf diagnostiziert wurde – unterteilt in die beiden Gruppen derer, die ihrer Schulpflicht in allgemeinen Schulen bzw. in Förderschulen nachkommen. Für die Analyse dieser Daten werden die Begriffe ‚Förderquote', ‚Exklusionsquote', ‚Inklusionsquote' und ‚Inklusionsanteil' genutzt:

- Förderquote: Sie gibt den Anteil der Schüler und Schülerinnen mit Förderbedarf an allen Schülerinnen und Schülern mit Vollzeitschulpflicht an (also der Schüler und Schülerinnen der Jahrgangsstufen 1 bis 9 bzw. in einzelnen Bundesländern bis 10) – unabhängig von ihrem Förderort.
- Exklusionsquote: Sie gibt den Anteil der Schüler und Schülerinnen mit Förderbedarf, die separiert in Förderschulen unterrichtet werden, an allen Schülerinnen und Schülern mit Vollzeitschulpflicht an (also der Schüler und Schülerinnen der Jahrgangsstufen 1 bis 9 bzw. in einzelnen Bundesländern bis 10).

- Inklusionsquote: Sie gibt den Anteil der Schüler und Schülerinnen mit Förderbedarf, die inklusiv in allgemeinen Schulen unterrichtet werden, an allen Schülerinnen und Schülern mit Vollzeitschulpflicht an (also der Schüler und Schülerinnen der Jahrgangsstufen 1 bis 9 bzw. in einzelnen Bundesländern bis 10).
- Inklusionsanteil: Er gibt den Anteil der Schüler und Schülerinnen mit Förderbedarf, die inklusiv unterrichtet werden, an allen Schülerinnen und Schülern mit Förderbedarf an.

Während die Begriffe ‚Förderquote', ‚Inklusionsquote' und ‚Inklusionsanteil' in der Literatur und in der offiziellen Statistik gebräuchlich und unstrittig sind, wird der Begriff ‚Exklusionsquote' nicht durchgängig benutzt: Die KMK verwendet an seiner Stelle den Begriff ‚Sonderschulbesuchsquote' (zuletzt KMK 2020c), die Hamburger Untersuchung ‚EiBiSch – Evaluation inklusiver Bildung in Hamburgs Schulen' benutzt den Begriff ‚Segregationsquote' (z. B. Schuck/Rauer/Prinz 2018: S. 217), die Deutsche UNESCO-Kommission verwendet den Begriff ‚Exklusion', wenn sie davon spricht, dass Lernende vom Lernen in den allgemeinen Schulen ausgeschlossen sind (UNESCO-Kommission 2020: S. 10). Die Bielefelder Inklusions-Forschungsgruppe gibt einem ihrer Forschungsberichte den Titel ‚Inklusion versus Exklusion' (Stranghöner u. a. 2017). In der hier vorgelegten Arbeit werden die Begriffe ‚Exklusion' sowie ‚Exklusionsquote' verwendet, nicht zuletzt auch, um den Gegensatz zum Lernen in gemeinsamen Gruppen, zur Inklusion also, zu unterstreichen.

5.1 Vorab eine bildungsstatistische Übersicht

Im Folgenden werden die Datengruppen, die den vier Begriffen zuzuordnen sind, am Beispiel der Daten für Deutschland insgesamt (Schuljahr 2018/19) verdeutlicht:

Tabelle 11: Inklusion – Schülerinnen- und Schülerzahlen, Quoten und Anteile für das Schuljahr 2018/19

Schülerinnen und Schüler – in 1 000				Quoten bzw. Anteile – in %			
Jahrgänge 1–9/10	mit Förderbedarf insg.	in allgemeinen Schulen	in Förderschulen	Förderquote	Exklusionsquote	Inklusionsquote	Inklusionsanteil
7 370 856	544 640	234 796	309 844	7,4	4,2	3,2	43,1

Quelle: eigene Berechnungen auf der Grundlage von KMK 2020c

Im Schuljahr 2018/19 kamen in den allgemeinbildenden Schulen (also in den Jahrgangsstufen 1 bis 9 bzw. bis 10 in den allgemeinen Schulen und in den Förderschulen) insgesamt 7 370 856 Schülerinnen und Schüler ihrer Schulpflicht nach: Bei 544 640 von ihnen wurde ein sonderpädagogischer Förderbedarf diagnostiziert, die Förderquote lag also bei 7,4 Prozent. Für diese Daten ebenso wie für alle folgenden bildungsstatistischen Werte ist es wichtig zu wissen, dass die Gruppe der Kinder und Jugendlichen, die dem Förderschwerpunkt ‚Kranke' zugerechnet werden, bei der Ermittlung der Förderquoten, der Exklusionsquoten, der Inklusionsquoten und der Inklusionsanteile nicht einbezogen werden. Dies entspricht der Praxis der KMK, die bezüglich dieses Förderschwerpunktes seit 2016/17 so verfährt. Daraus folgt allerdings, dass die Vergleichbarkeit mit Daten, die – auch vom Autor dieser Untersuchung – in früheren Arbeiten vorgestellt wurden, nur eingeschränkt gegeben ist.

2018/19 lernten von den 544 640 Kindern und Jugendlichen mit sonderpädagogischem Förderbedarf 234 796 in allgemeinen Schulen (die Inklusionsquote lag bei 3,2 %) und 309 844 in Förderschulen (bei einer Exklusionsquote von 4,2 Prozent). Die Summe der Quoten der Lernorte ‚allgemeine Schule' (3,2 %) und ‚Förderschule' (4,2 %) ergibt die Förderquote. Da 234 796 der insgesamt 544 640 Kinder und Jugendlichen mit Förderbedarf allgemeine Schulen besuchten, lag der Inklusionsanteil bei 43,1 Prozent (vgl. dazu Tabelle 11).

Im Zeitraum zwischen 2008/09 (dem letzten Schuljahr, das vor Deutschlands Beitritt zur UN-Konvention über die Rechte von Menschen mit Behinderungen startete) und 2018/19 haben sich diese Quoten in Deutschland insgesamt wie auch in den einzelnen Bundesländern stark verändert. Bevor diese Veränderung knapp skizziert wird, muss darauf verwiesen werden, dass diese Veränderung für das Saarland nicht beschrieben werden kann, da das Land seit 2016/17 die Zahl der Schülerinnen und Schüler, die mit einem sonderpädagogischem Förderbedarf in allgemeinen Schulen unterrichtet werden, nicht mehr berichtet. Mit dieser Einschränkung kann (vgl. Tabelle 12) festgestellt werden: Die Förderquote stieg innerhalb dieser Jahre von 5,9 auf 7,4 Prozent an. Zugleich ging in diesem Zeitraum die Exklusionsquote leicht von 4,8 auf 4,2 Prozent zurück. Die Inklusionsquoten stiegen zugleich von 1,1 auf 3,2 Prozent und die Inklusionsanteile von 18,8 auf 43,1 Prozent. Bei diesen Entwicklungen finden sich beachtliche Länderunterschiede: So ging die Förderquote in Brandenburg, Mecklenburg-Vorpommern und Thüringen zum Teil deutlich zurück, während sie in Bremen, Sachsen und Sachsen-Anhalt in etwa konstant blieb. In allen übrigen Bundesländern stieg sie an. Die Inklusionsquoten wie auch die Inklusionsanteile sind in diesen Jahren in allen Bundesländern angestiegen – wenn auch auf deutlich unterschiedlichem Niveau. Auf die Entwicklung der Exklusionsquoten, die im Bundesdurchschnitt durch den eher leichten Rückgang von 4,8 auf 4,2 Prozent gekennzeichnet ist, wird im Abschnitt 5.2 ausführlicher eingegangen.

Tabelle 12: Förder-, Exklusions- und Inklusionsquoten sowie Inklusionsanteile nach Ländern im Zeitvergleich (ohne Kranke)

Land	Förderquote		Exklusionsquote		Inklusionsquote		Inklusionsanteil	
	08/09	18/19	08/09	18/19	08/09	18/19	08/09	18/19
Baden-Württemberg	6,2	7,5	4,5	4,8	1,7	2,7	26,8	36,0
Bayern	5,3	6,6	4,5	4,7	0,9	1,9	16,6	28,9
Berlin	6,9	8,2	4,2	2,4	2,7	5,8	39,6	70,7
Brandenburg	8,5	7,9	5,4	4,0	3,1	3,9	36,4	49,5
Bremen	7,5	7,4	4,6	0,9	2,9	6,6	39,0	88,5
Hamburg	5,7	8,1	4,9	2,9	0,8	5,3	14,5	64,9
Hessen	4,5	5,3	3,9	3,4	0,5	1,9	11,8	35,5
Mecklenburg-Vorpommern	11,4	9,1	8,9	5,7	2,5	3,4	22,2	37,2
Niedersachsen	4,7	7,5	4,4	3,2	0,3	4,3	6,6	57,6
Nordrhein-Westfalen	5,9	8,2	5,1	4,6	0,7	3,6	12,7	43,9
Rheinland-Pfalz	4,5	6,3	3,8	4,2	0,8	2,1	16,9	33,9
Saarland*	6,0	4,0	4,0	4,0	1,9	0,0	32,3	0,0
Sachsen	8,3	8,6	6,9	5,6	1,4	3,0	16,4	34,6
Sachsen-Anhalt	9,6	9,4	8,7	6,1	0,8	3,3	8,6	34,9
Schleswig-Holstein	5,4	6,8	3,1	2,2	2,2	4,6	41,9	68,1
Thüringen	9,0	6,6	7,5	3,7	1,5	2,9	16,9	43,5
Deutschland	5,9	7,4	4,8	4,2	1,1	3,2	18,8	43,1

* Im Saarland wird seit 2016/17 der sonderpädagogische Förderbedarf in den allgemeinen Schulen nur noch bei einer Umschulung in eine Förderschule erfasst.
Quelle: eigene Berechnungen nach KMK 2010 und KMK 2020c

5.2 Die Entwicklung der Exklusionsquoten in Deutschland insgesamt und in den Bundesländern

Bei der weiteren bildungsstatistischen Analyse, bei der es um die Annäherung an die Zielsetzung der UN-Konvention geht, wird die Exklusionsquote im Mittelpunkt stehen. Diese Quote gibt an, wie hoch der Anteil von Kindern und Jugendlichen ist, die eine Förderschule besuchen. Damit kann beziffert werden, wieweit sich Deutschland insgesamt und seine sechzehn Bundesländer dem Ziel „Kinder mit Behinderungen nicht aufgrund von Behinderung vom unentgeltlichen und obligatorischen Grundschulunterricht oder vom Besuch weiterführender Schulen" auszuschließen, angenähert haben. Die Konzentration auf die Exklusionsquote ist auch deshalb sinnvoll, weil die Erfassung der inklusiv unterrichteten Kinder und Jugendlichen und damit auch die Inklusionsquote kein vollständiges Bild liefert: Dies ergibt sich daraus, dass die diagnostische Feststellung eines sonderpädagogischen Förderbedarfs in der Regel nicht bei Eintritt in die Grundschule, sondern erst im Verlauf der ersten Schuljahre erfolgt. Das Saarland diagnostiziert in den allgemeinen Schulen seit 2016/17 grundsätzlich nur noch, wenn eine Überweisung in eine der Förderschulen ansteht.

Im Schuljahr 2008/09 wurden in Deutschland insgesamt 4,8 Prozent der Kinder und Jugendlichen der Sekundarstufe I in Förderschulen unterrichtet. Bis 2018/19 ist diese Exklusionsquote auf 4,2 % zurückgegangen (vgl. Tabelle 12). Damit hat sich die Exklusionsquote in den betrachteten zehn Jahren um gerade einmal 0,6 Prozentpunkte verringert. Parallel zu dieser leicht rückläufigen Exklusionsquote ist in den Schuljahren von 2008/09 bis 2018/19 deutschlandweit auch in den Förderschulen die Zahl der Schülerinnen und Schüler mit einem sonderpädagogischen Förderbedarf auf 80,8 Prozent zurückgegangen (vgl. zu diesen und den folgenden Daten Tabelle 13). Dieser Rückgang ist stärker ausgeprägt als der Rückgang der Gesamtheit der Schülerinnen und Schüler der Jahrgangsstufen 1 bis 9 bzw. 10 der allgemeinbildenden Schulen (auf 92,2 Prozent). In Folge des Rückgangs der Schülerzahlen der Förderschulen hat sich auch die Zahl der Standorte der Förderschulen von 3 302 auf 2 835 (auf 85,9 Prozent) verringert. Schließlich ging im Zuge dieser Entwicklungen auch die durchschnittliche Anzahl der Schülerinnen und Schüler in den Schulstandorten leicht zurück: Besuchten im Jahr 2008/09 im Schnitt noch 116 Schülerinnen und Schüler einen Schulstandort, so sind es im Schuljahr 2018/19 noch 109 Kinder und Jugendliche je Standort.

Tabelle 13: Entwicklung von Schüler- und Standortzahlen

Schüler-/Standortzahl	2008/09	2018/19	Rückgang auf (in %)
in allgemeinbildenden Schulen*	7 990 121	7 370 856	92,2
in Förderschulen	383 582	309 844	80,8
Förderschulstandorte	3 302	2 835	85,9
Schüler je Standort	116	109	97,0

* alle Schülerinnen und Schüler in Primar- und in Sekundarstufe I (Jahrgänge 1 bis 9 bzw. 10)
Quellen: eigene Berechnungen auf der Grundlage von:
Statistisches Bundesamt 2010 und 2019

Dass eine länderspezifische Betrachtung der Exklusionsquoten ein deutlich differenzierteres Bild ergibt, zeigen die folgenden Länderdaten (vgl. die Tabellen 12 und 14): In Rheinland-Pfalz, Baden-Württemberg und Bayern sind die Exklusionsquoten von 2008/09 bis 2018/19 gestiegen; diese drei Länder haben sich von dem in der UN-Konvention formulierten Ziel in den Jahren seit 2008/09 also tendenziell entfernt. Im Saarland ist die Exklusionsquote auf gleichbleibendem Niveau geblieben; hier wurde also beim Erreichen der Zielvorgabe der UN-Konvention kein Fortschritt erreicht. Dieser Entwicklung gegenüber stehen zwölf Bundesländer, in denen die Exklusionsquoten (zum Teil deutlich) gesunken sind. Diese Länder – allen voran Bremen mit einer Exklusionsquote von 0,9 Prozent sowie Schleswig-Holstein mit einer Exklusionsquote von 2,2 Prozent – zeigen, dass die Zielsetzung der UN-Konvention in Deutschland durchaus erreichbar ist.

Tabelle 14: Länderspezifische Entwicklung der Exklusionsquoten (in Prozent)

Land	2008/09	2018/19	Differenz (in Prozentpunkten)
Rheinland-Pfalz	3,8	4,2	+0,4
Baden-Württemberg	4,5	4,8	+0,3
Bayern	4,5	4,7	+0,2
Saarland	4,0	4,0	0,0
Hessen	3,9	3,4	−0,5
Nordrhein-Westfalen	5,1	4,6	−0,5
Schleswig-Holstein	3,1	2,2	−0,9
Niedersachsen	4,4	3,2	−1,2
Sachsen	6,9	5,6	−1,3
Brandenburg	5,4	4,0	−1,4
Berlin	4,2	2,4	−1,8
Hamburg	4,9	2,9	−2,0
Sachsen-Anhalt	8,7	6,1	−2,6
Mecklenburg-Vorpommern	8,9	5,7	−3,2
Bremen	4,6	0,9	−3,7
Thüringen	7,5	3,7	−3,8
Deutschland	4,8	4,2	−0,6

Quelle: Tabelle 12

Die Tatsache, dass sich die Exklusionsquoten zumindest in der Mehrheit der Länder und im Durchschnitt Deutschlands verringert haben und dass deutschlandweit die Zahl der Förderschulstandorte zurückgegangen ist, kann nicht darüber hinwegtäuschen, dass es nach wie vor starke Schülerbewegungen zwischen den beiden Lernorten gibt: So sind 2018/19 – in Zeiten des Ausbaus der schulischen Inklusion – deutschlandweit insgesamt 25 662 Schülerinnen und Schüler aus den allgemeinen Schulen in Förderschulen gewechselt: 10 572 aus den Grundschulen und weitere 15 090 aus den weiterführenden Schulen der Sekundarstufe I. Diese Zahl der Lernortwechsler entsprach in diesem Schuljahr

11,2 Prozent der Schülerinnen und Schüler der aufnehmenden Förderschulen (vgl. zu diesen Daten Hollenbach-Biele/Klemm 2020: S. 41).

Eine Analyse der Exklusionsquoten, die die Entwicklung in den einzelnen Förderschwerpunkten in den Blick nimmt, führt zu einer unverkennbaren schwerpunktspezifischen Ausdifferenzierung. In Deutschland insgesamt ist die Exklusionsquote lediglich in zwei Förderschwerpunkten zurückgegangen (vgl. Tabelle 15): im Förderschwerpunkt ‚Lernen' um rund einen Prozentpunkt (von 2,14 auf 1,16 Prozent) und – deutlich schwächer – im Förderschwerpunkt ‚Sprache' von 0,47 auf 0,39 Prozent. Im Förderschwerpunkt ‚Geistige Entwicklung' ist die Exklusionsquote von 0,94 auf 1,11 Prozent angestiegen, ebenfalls im Förderschwerpunkt ‚Emotionale und soziale Entwicklung' von 0,44 auf 0,56 Prozent sowie in der Gruppe, die übergreifende Förderschwerpunkte und nicht zuzuordnende Förderschüler und -schülerinnen umfasst, von 0,30 auf 0,46 Prozent. In den übrigen Förderschwerpunkten gibt es keine oder allenfalls nur geringfügige Veränderungen. Dieses deutschlandweite Bild wiederholt sich in gleicher Weise in der großen Mehrzahl der sechzehn Bundesländer – wenn auch auf unterschiedlichem Niveau.

Tabelle 15: Entwicklung der Exklusionsquoten in Deutschland – nach Förderschwerpunkten (in Prozent)

Förderschwerpunkt	2008/09	2018/19
Insgesamt*	4,80	4,20
Lernen	2,14	1,16
Emotionale und soziale Entwicklung	0,44	0,56
Sprache	0,47	0,39
Geistige Entwicklung	0,94	1,11
Körperlich-motorische Entwicklung	0,31	0,32
Hören	0,14	0,14
Sehen	0,06	0,06
übergreifend/ohne Zuordnung	0,30	0,46

* bei der Summenbildung Abweichungen durch Rundungseffekte
Quelle: eigene Berechnungen nach KMK 2010 und KMK 2020c

5.3 Effekte der Veränderung der Exklusionsquoten

Zwischen den Schuljahren 2008/09 und 2018/19 sind, wie in Tabelle 2 angeführt, die Schülerzahlen in Deutschland auf 92,2 Prozent des Ausgangswerts gesunken. Selbst bei konstanter Exklusionsquote wäre also die absolute Schülerzahl von Schülern an Förderschulen zurückgegangen. Um den tatsächlichen

Effekt einer sinkenden Exklusionsquote ausweisen zu können, muss man diesen deshalb um die generell sinkenden Schülerzahlen ‚bereinigen'. Dabei ergibt sich Folgendes: Unterstellt, die Exklusionsquoten wären 2018/19 noch auf dem Stand von 2008/09, also deutschlandweit und für alle Förderschwerpunkte gemeinsam bei 4,8 Prozent der insgesamt knapp 7,4 Mio. Schülerinnen und Schüler geblieben, so wären in diesem Jahr nicht 309 844, sondern 353 801 Schülerinnen und Schüler in den ‚exklusiven' Förderschulen unterrichtet worden. Die Verringerung der Exklusionsquote, die von 2008/09 bis 2018/19 erreicht wurde, hat bundesweit dazu geführt, dass 43 957 Kinder und Jugendliche weniger exklusiv in Förderschulen lernen (vgl. zu dieser Berechnung Tabelle 16). Anders gewendet: All die Anstrengungen der Jahre nach Deutschlands Beitritt zur UN-Konvention haben bewirkt, dass knapp 44 000 Kinder und Jugendliche, die ohne den Prozess der Inklusion in Förderschulen zur Schule gegangen wären, jetzt in allgemeinen Schulen unterrichtet werden.

Tabelle 16: Effekte veränderter Exklusionsquoten – Deutschland insgesamt (in Prozent)

Schülerzahlen 2018/19	Exklusionsquoten		Zahl der Förderschüler bei		Differenz
	2008/09	2018/19	E-Quote 08/09	E-Quote 18/19	
7 370 856	4,8	4,2	353 801	309 844	–43 957

Lesehilfe: Wenn 2018/19 die Exklusionsquote noch auf dem Stand des Jahres 2008/09 geblieben wäre (4,8 %), hätte es in Deutschland insgesamt 43 957 Schülerinnen und Schüler, die exklusiv in Förderschulen lernen, mehr gegeben.

Eine länderspezifische Betrachtung zu den Effekten der gestiegenen bzw. gesunkenen Exklusionsquoten macht zudem sehr deutlich, dass sich die Mehrzahl der Länder seit 2008/09 dem Inklusionsziel der UN-Konvention angenähert hat. Einige haben sich hingegen unverkennbar weiter entfernt. Wie sich diese Entwicklungen in konkreten Schülerzahlen niederschlagen, zeigt folgendes Gedankenspiel: In Folge des Anstiegs der Exklusionsquoten von 2008/09 bis 2018/19 lagen die Zahlen der Schülerinnen und Schüler in den Förderschulen in drei Bundesländern im Schuljahr 2018/19 höher als sie gelegen hätten, wenn noch die Exklusionsquoten des Jahres 2008/09 gegolten hätten: In Baden-Württemberg um 2 887 Schülerinnen und Schüler, in Bayern um 2 771 und in Rheinland-Pfalz um 1 468. In den übrigen Bundesländern hat der Rückgang der Exklusionsquoten um eine – im Saarland mit 62 kaum messbare – Verringerung der Zahl der Schülerinnen und Schüler in den Förderschulen geführt: In Thüringen z. B. wären 2018/19 (unter der Annahme einer seit 2008/09 stagnierenden Exklusionsquote von 7,5 Prozent) 6 568 Schülerinnen und Schüler mehr als die tatsächlich ermittelten 6 557 Förderschüler gezählt worden. Diese 6 568 Kinder und Jugendlichen lernen in Thüringen auf Grund der gesunkenen Exklusionsquoten an einer inklusiven Schule anstatt an einer Förderschule (vgl. zu dieser länderspezifischen Darstellung ausführlicher Hollenbach-Biele/Klemm 2020: S. 43).

5.4 Schwach sinkende Exklusions- und deutlich stärker steigende Inklusionsquoten

Mit einer Vorgehensweise wie dem im vorangehenden Abschnitt vorgestellten Gedankenspiel mit konstant bleibenden Quoten lassen sich auch die Auswirkungen einer steigenden Inklusionsquote auf die Entwicklung der konkreten Schülerzahlen skizzieren. Stellen wir uns vor, die Inklusionsquoten hätten sich seit 2008/09 nicht verändert, lägen also 2018/19 deutschlandweit und für alle Förderschwerpunkte gemeinsam noch bei 1,1 Prozent der insgesamt knapp 7,4 Mio. Schülerinnen und Schüler. Dann wären in 2018/19 nicht 234 796, sondern lediglich 84 396 Schülerinnen und Schüler mit sonderpädagogischem Förderbedarf in inklusiv arbeitenden allgemeinen Schulen unterrichtet worden.

Die tatsächlich jedoch auf 3,2 Prozent gestiegene Inklusionsquote hat dazu geführt, dass sich die Anzahl der Schülerinnen und Schüler mit sonderpädagogischem Förderbedarf in den Jahren seit 2008/09 um 150 400 Kinder und Jugendliche erhöht hat. Nur ein Teil dieser Schülerinnen und Schüler – nämlich 43 957 (vgl. Tabelle 16) – sind auf die Verringerung der Exklusionsquote zurückzuführen (vgl. zu dieser Berechnung die Tabelle 17).

Tabelle 17: Effekte veränderter Inklusionsquoten – Deutschland insgesamt (in Prozent)

Schülerzahlen 2018/19	Inklusionsquoten		Zahl der Inklusionsschüler in allgemeinen Schulen bei		Differenz
	2008/09	2018/19	I-Quote 18/19	I-Quote 08/09	
7 370 856	1,1	3,2	234 796	84 396	150 400

Lesehilfe: Wenn 2018/19 die Inklusionsquote noch auf dem Stand des Jahres 2008/09 geblieben wäre (1,1 %), hätte es in Deutschland insgesamt 150 246 Schülerinnen und Schüler, die inklusiv in allgemeinen Schulen lernen, weniger gegeben.

Die Gründe dafür, dass sich der Rückgang der Schülerinnen und Schüler in den Förderschulen und der gleichzeitige Anstieg der Zahlen der Kinder und Jugendlichen mit sonderpädagogischem Förderbedarf in den allgemeinen Schulen nicht entsprechen, sind vielfältig. Vier Erklärungen können dazu diskutiert werden:

Erklärungsansatz 1:
Immer mehr Schülerinnen und Schüler sind den Anforderungen der allgemeinen Schule nicht gewachsen.

Die Zahl der Kinder und Jugendlichen mit sonderpädagogischem Förderbedarf könnte gestiegen sein, weil die Zahl der Kinder, die den Anforderungen der allgemeinen Schulen nicht nachkommen können und in Folge davon als sonderpädagogisch förderungsbedürftig diagnostiziert werden, zugenommen hat. Die empirische Grundlage für diesen Erklärungsansatz ist bei den Viertklässlern nur schwach, bei den Fünfzehnjährigen dagegen deutlicher gegeben (vgl. Tabelle 18): Bei den Viertklässlern haben sich die Kompetenzwerte – folgt man den Befunden der IGLU- sowie der TIMS-Leistungsstudien – im Leseverständnis zwischen 2006 und 2016 deutlich verschlechtert, dies ist jedoch begleitet von einem Leistungszuwachs von 2007 nach 2015 in den Naturwissenschaften und von gleichbleibenden Leistungen in Mathematik. Bei den Fünfzehnjährigen sind die Leistungen in allen drei Kompetenzbereichen allerdings zwischen 2009 und 2018 unverkennbar zurückgegangen.

Tabelle 18: Entwicklung der in Tests ermittelten Kompetenzwerte der schwächsten fünf Prozent

Viertklässler		
	2006 bzw. 2007	2015 bzw. 2016
Lesen (2006/2016)	430*	395**
Mathematik (2007/2015)	409***	410***
Naturwissenschaften (2007/2015)	393***	409***
Fünfzehnjährige		
	2009	2018
Lesen	333****	316*****
Mathematik	347****	337*****
Naturwissenschaften	345****	328*****

* Bos u. a. 2007: S. 142
** Hußmann u. a. 2017: S. 122
*** Wendt u. a. 2016: S. 113 für Mathematik bzw. S. 167 für Naturwissenschaften
**** Klieme u. a. 2010: S. 35 für Lesen, S. 163 für Mathematik, S. 184 für Mathematik
***** Reiss u. a. 2019 (im Online-Anhang): S. 3 für Lesen, S. 19 für Mathematik und S. 20 für Naturwissenschaften

Mit Blick auf diese Entwicklung ist zu befürchten, dass es in den kommenden Jahren verstärkt zu Leistungseinbrüchen kommen kann. Dann nämlich, wenn es den Schulen nicht gelingt, die negativen Folgen auszugleichen, die durch die

Schulschließungen während der Corona-Pandemie gerade bei Kindern aus sozial schwachen Familien und aus Familien, in denen die Familiensprache nicht die Unterrichtssprache Deutsch ist, beobachtet werden. Diese ganz neue Variante der Exklusion vom schulischen Lernen hat das Potenzial, die schulischen Leistungen eines Teils der Schülerinnen und Schüler nachhaltig zu schwächen und den Anteil derer, bei denen ein sonderpädagogischer Förderbedarf diagnostiziert wird, zu steigern.

Erklärungsansatz 2:
Wenn Schulen mehr diagnostizierte Kinder und Jugendliche melden, erhalten sie mehr Ressourcen.

Eine Ursache für den Anstieg der Zahl der Kinder und Jugendlichen mit sonderpädagogischem Förderbedarf könnte darin liegen, dass in zahlreichen Ländern die Ressourcenzuweisung an allgemeine Schulen an die Zahl der dort diagnostizierten Schülerinnen und Schüler mit Förderbedarf gekoppelt ist. Dieser Zusammenhang könnte dazu verleiten, einen solchen Förderbedarf bei zusätzlichen Schülerinnen und Schülern zu diagnostizieren, um damit die an den einzelnen Schulen verfügbaren Lehrerstellen zu erhöhen – nicht zuletzt zu Gunsten eben dieser Kinder und Jugendlichen (vgl. dazu Abschnitt 3.1). Auf diesen Zusammenhang, der in der Fachliteratur als ‚Ressourcen-Etikettierungs-Dilemma' beschrieben wird, hat Hans Wocken bereits 1996 hingewiesen: Schon damals schrieb er dem diagnostischen Testat ‚Behinderung' bzw. ‚Förderbedarf' die „Funktion eines Berechtigungsscheins für Lehrerstunden" zu (1996: S. 34).

Erklärungsansatz 3:
Die Diagnoseansätze von Lehrkräften haben sich verändert.

Der Anstieg der diagnostizierten Fälle könnte eine Folge der Tatsache sein, dass im Verlauf des Ausbaus inklusiven Unterrichtens in den allgemeinen Schulen Lehrkräfte aufmerksamer und individualisierender auf einzelne schwächere Schülerinnen und Schüler blicken – also auf diejenigen Kinder und Jugendliche, die ‚immer schon' in allgemeinen Schulen unterrichtet wurden. Dieses genauere Hinsehen wäre sehr wünschenswert, wenn man sich zugleich ins Bewusstsein ruft, dass laut der 2018 erfolgten Überprüfung der Bildungsstandards am Ende der 9. Jahrgangsstufe (IQB-Bildungstrend 2018) deutschlandweit 5,6 Prozent aller Neuntklässler in der Gruppe der Schülerinnen und Schüler im Fach Mathematik die Mindeststandards für den Hauptschulabschluss verfehlt haben. Bei der Ermittlung dieser Quote wurden die Testteilnehmer mit einem diagnostizierten sonderpädagogischen Förderbedarf nicht berücksichtigt (Stanat u. a. 2019: Tab.1web). Dass diese Schülergruppe im Verlauf der Durchdringung der

Schulen durch das Inklusionskonzept stärker beachtet und gefördert wird, kann nur als ein Gewinn der Inklusion verstanden werden. Die Beobachtungen befragter Eltern (vgl. Abschnitt 6.1 der hier präsentierten Studie), denen zufolge im inklusiven Unterricht grundsätzlich stärker individualisierend unterrichtet wird, stützen diese Überlegung.

Erklärungsansatz 4:
Diagnosen wirken in Zeiten der Inklusion weniger stigmatisierend

Mit der zunehmenden Verankerung des inklusiven Unterrichts ist die Diagnose eines sonderpädagogischen Förderbedarfs nicht mehr automatisch mit dem Wechsel auf eine Förderschule verbunden. Der Verbleib in der allgemeinen Schule führt dazu, dass die Diagnose weniger stigmatisierend wirkt und zugleich eine bessere Förderung der Schülerin oder des Schülers mit sich bringen kann. Dies kann dazu beitragen, dass Eltern sich seltener einer entsprechenden Diagnose widersetzen.

5.5 Entwicklung der Verteilung der Schülerinnen und Schüler mit sonderpädagogischem Förderbedarf auf einzelne Förderschwerpunkte

Der Darstellung der Verteilung der Kinder und Jugendlichen mit sonderpädagogischem Förderbedarf auf die unterschiedlichen Förderschwerpunkte muss ein Hinweis vorangestellt werden: Da einzelne Länder in den allgemeinen Schulen von einer Diagnostik des sonderpädagogischen Förderbedarfs vollständig (Saarland) oder doch während der Schuleingangsphase absehen, treffen die in Tabelle 9 mitgeteilten Verteilungswerte nur annähernd zu. Unter Berücksichtigung dieser Einschränkungen weisen die Daten auf eine deutliche Verschiebung der Förderschwerpunkte seit 2008/09 hin. Während der Anteil des Förderschwerpunkts ‚Lernen' um 9,3 Prozentpunkte (von 44,7 auf 35,4 Prozent) zurückgegangen ist, stieg der Anteil im Förderschwerpunkt ‚Soziale und emotionale Entwicklung' um 5,9 Prozentpunkte. Die Summe der drei Förderschwerpunkte Lernen, Emotionale und soziale Entwicklung sowie Sprache ist mit 67,3 Prozent in 2008/09 auf 63,3 Prozent in 2018/19 zurückgegangen. In den anderen Förderschwerpunkten finden sich durchgängig nur kleinere Verschiebungen. Die Mehrzahl der Bundesländer bietet ein vergleichbares Entwicklungsmuster; in Einzelfällen ergibt sich ein abweichendes Bild – zumeist erklärbar durch Anteilsveränderungen in der Gruppe der Schülerinnen und Schüler, die keinem Förderschwerpunkt zugeordnet werden.

Tabelle 19: Entwicklung der Verteilung der Schülerinnen und Schüler mit sonderpädagogischem Förderbedarf in allgemeinen Schulen und in Förderschulen auf die Förderschwerpunkte (in Prozent)*

	2008/09	2018/19
Schülerzahl insgesamt	472 366	544 640
Prozentanteil**	100,0	100,0
Lernen	44,7	35,4
Emotionale und soziale Entwicklung	11,7	17,6
Sprache	10,9	10,3
Lernen, Emotionale und soziale Entwicklung, Sprache (Summe)	67,3	63,3
Geistige Entwicklung	16,4	17,3
Körperlich-motorische Entwicklung	6,6	6,9
Hören	3,2	4,0
Sehen	1,5	1,7
übergreifend/ohne Zuordnung***	5,2	6,8

* Im Saarland sind nur Schülerinnen und Schüler der Förderschulen enthalten, in den übrigen Ländern findet sich eine Unterschätzung der Anteilswerte, da einzelne Länder in den unteren Jahrgangsstufen der Grundschulen keine Diagnosen durchführen.
** bei den Prozentwerten Abweichungen in der Summenbildung durch Rundungseffekte
*** Im Vergleich zu Tabelle 6 wird hier für 2018/19 die Gruppe ‚Lernen, Sprache, Emotionale und sozale Entwicklung (ohne Ausdifferenzierung)' aus Gründen der Vergleichbarkeit mit den Werten für 2008/09 in der Rubrik ‚übergreifend/ohne Zuordnung' geführt.
Quelle: eigene Berechnungen nach KMK 2010 und KMK 2020c

5.6 Inklusion in der Exklusion: Die Verteilung der inklusiv Unterrichteten auf die Bildungswege der Sekundarstufe I

Die Verteilung der inklusiv unterrichteten Schülerinnen und Schüler auf die unterschiedlichen Bildungswege in den Sekundarschulen ist durch einen prinzipiellen Widerspruch gekennzeichnet: Deutschlands Schulsystem muss in den Schulen der Sekundarstufe I inklusives Unterrichten in einem gegliederten, also auf Exklusion ausgerichteten Schulsystem durchsetzen (vgl. Tabelle 20). Die damit verbundene Problematik wird daran deutlich, dass sich die einzelnen Bildungswege der Sekundarschulen sehr unterschiedlich am inklusiven Unterricht beteiligen: Von den im Bereich der Sekundarstufe inklusiv unterrichteten Jugendlichen lernen deutschlandweit 2018/19 lediglich 5,3 Prozent an Orientierungsstufen, 6,9 Prozent an Gymnasien, 7,7 Prozent an Realschulen und 16,5 Prozent an Hauptschulen. Nahezu zwei Drittel werden an Schulen mit mehreren Bildungsgängen (20,4 %) und an Gesamtschulen (42,6 %) unterrichtet. Dieses Verteilungsmuster findet sich – mit geringfügigen Variationen – auch in den einzelnen Bundesländern.

Tabelle 20: Verteilung inklusiv unterrichteter Jugendlicher auf die Bildungswege der Sekundarstufe I – 2018/19 (in Prozent)

Orientierungsstufen	Hauptschulen	Schulen mit mehreren Bildungswegen	Realschulen	Gymnasien	Gesamtschulen	Waldorfschulen
5,3	16,5	20,4	7,7	6,9	42,6	0,5

Quelle: eigene Berechnungen nach KMK 2020c

5.7 Fazit: Was die bildungsstatistische Analyse zeigt

Der Rückblick auf die hier vorgestellten Befunde der bildungsstatistischen Analyse zeigt eines sehr deutlich: Einerseits gibt es eine Reihe von Ländern, die sich seit dem Beitritt Deutschlands zur UN-Konvention über die Rechte von Menschen mit Behinderungen von dem in dieser Konvention vorgezeichnetem Ziel weiter entfernt haben, andererseits haben sich einzelne Länder diesem Ziel sehr weit angenähert. Für Deutschland insgesamt lässt sich feststellen, dass das Land beim Abbau des ‚exklusiven' Unterrichtens in Förderschulen nur langsam voranschreitet. Dies kommt auch darin zum Ausdruck, dass nach wie vor jährlich etwa 25 700 Kinder und Jugendliche aus allgemeinen Schulen in Förderschulen wechseln (Hollenbach-Biele/Klemm 2020: S. 41). Im Verlauf des Inklusionsprozesses hat sich die Verteilung der Schülerinnen und Schüler mit sonderpädagogischem Förderbedarf auf die unterschiedlichen Förderschwerpunkte leicht verschoben: Der Schwerpunkt Lernen ist um etwa 9 Prozentpunkte gesunken, während der Schwerpunkt Emotionale und soziale Entwicklung um knapp 6 Prozentpunkte gestiegen ist. Und schließlich entwickelt sich das gemeinsame Lernen in den meisten Bundesländern hin zu einer Inklusion in der Exklusion: So beteiligen sich die in den weiterführenden Bildungswegen des gegliederten Schulsystems tradierten Schulformen Realschule und Gymnasium in einem eher geringen Ausmaß an der Inklusion.

6. Qualität des Unterrichts: Zur Wahrnehmung des Unterrichts und seiner Rahmenbedingungen

Der schon mehrfach herangezogene Artikel 24 der UN-Konvention verpflichtet die Vertragsstaaten nicht nur, die Teilhabe behinderter Menchen an unentgeltlicher und obligatorischer Bildung in Grundschulen und weiterführenden Schulen zu gewährleisten, sondern auch dazu, sicherzustellen, dass „Menschen mit Behinderungen innerhalb des allgemeinen Bildungssystems die notwendige Unterstützung geleistet wird, um ihre erfolgreiche Bildung zu erleichtern" und dass „wirksame individuell angepasste Unterstützungsmaßnahmen in einem Umfeld, das die bestmögliche schulische und soziale Entwicklung gestattet, angeboten werden".

Um der Frage nachzugehen, inwieweit die Schulen in Deutschland diesem Aspekt des UN-Entwicklungsautrages nachkommen, werden im Folgenden Befunde zur Qualität des Unterrichts in Klassen des gemeinsamen Lernens im Vergleich zur Unterrichtsqualität in nicht inklusiven Klassen, Unterstützungsangebote für Schulen des gemeinsamen Lernens und die Personalressourcen, die den Schulen des gemeinsamen Lernens zur Verfügung gestellt werden, in den Blick genommen. Dabei wird auf eine Reihe von Befragungen aus den letzten Jahren zurückgegriffen.

6.1 Unterrichtsqualität

In den vergangenen Jahren wurden wiederholt Befragungen von Eltern schulpflichtiger Kinder zu ihrer Wahrnehmung der Qualität des Unterrichts im gemeinsamen Lernen durchgeführt. Bei der Auswertung dieser Befragungen wurden die Bewertungen verglichen von Eltern einerseits, deren Kinder in einer Klasse des gemeinsamen Lernens unterrichtet wurden (Eltern mit Inklusionserfahrung), und von Eltern andererseits, deren Kind nicht in einer solchen Klasse unterrichtet wurden (Eltern ohne Inklusionserfahrung). Dabei wird (wie auch in den Ausführungen im Abschnitt 8) auf die folgenden Befragungen Bezug genommen:

- auf Befragungen (TNS Emnid bzw. Kantar Emnid) von Eltern schulpflichtiger Kinder, die für die dritte und vierte JAKO-O Bildungsstudie 2014 und 2017 durchgeführt wurden (Dedering/Horstkemper 2014 und Paseka 2017),

- auf zwei im Auftrag des Verbandes Bildung und Erziehung (VBE) 2015 und 2017 von forsa durchgeführte Befragungen zur ‚Inklusion an Schulen aus der Sicht der Lehrkräfte in Deutschland – Meinungen, Einstellungen und Erfahrungen' (forsa 2017),
- auf zwei im Auftrag der Bertelsmann Stiftung durch infratest dimap durchgeführte repräsentative Befragungen von Eltern schulpflichtiger Kinder im Alter von 6 bis 16 Jahren (Bertelsmann Stiftung 2015 und Hollenbach-Biele/Klemm 2020),
- auf eine im Auftrag der Wochenzeitung ‚Die Zeit' und der ‚Aktion Mensch' durch infas durchgeführte repräsentative Befragung zum Thema ‚Schulische Inklusion', an der zum einen Eltern von Kindern unter 18 Jahren und zum anderen eine repräsentative Gruppe der Gesamtbevölkerung teilnahmen (Aktion Mensch/DIE ZEIT 2019) sowie
- auf die Daten des Ifo-Bildungsbarometers von 2019 (Wößmann u.a. 2019).

Den Befunden der Elternbefragungen unter den hier angeführten Befragungen ist gemeinsam, dass sie ein ausgesprochen positives Bild vom Engagement der Lehrkräfte und von der Qualität ihres Unterrichts bieten. In den beiden JAKO-O Bildungsstudien von 2014 und 2017 zeigt sich, dass Eltern mit einem Kind in einer inklusiv arbeitenden Schule im Vergleich zu Eltern mit einem Kind in einer nicht inklusiven Schule die Arbeit der Lehrkräfte positiver bewerten. So ist z.B. der Unterricht in inklusiven Schulen in der Wahrnehmung der befragten Eltern deutlich individualisierender als in nicht inklusiven Schulen: Lehrkräfte in inklusiven Schulen gehen stärker auf Stärken und Schwächen ihrer Schülerinnen und Schüler ein und können mit unterschiedlichen sprachlichen Voraussetzungen besser umgehen. Auch erleben Eltern in inklusiven Schulen die Lehrkräfte stärker kooperierend (Dedering/Horstkemper 2014: S. 63; Paseka 2017: S. 113).

Auf die Auswertungen der Bertelsmann-Elternbefragungen aus den Jahren 2019 und 2015, die vergleichbare Ergebnisse erbracht haben, soll im Folgenden etwas ausführlicher eingegangen werden (Hollenbach-Biele/Klemm 2020 und Bertelsmann 2015). Bei der Auswertung der Befrragung des Jahres 2019 (vgl. Tabelle 21) wurden die Antworten der Eltern von Kindern, die in nicht inklusiven Klassen der allgemeinen Schulen unterrichtet wurden (Eltern ohne Inklusionserfahrung), denen von Eltern, deren Kinder in inklusiven Klassen lernten, (Eltern mit Inklusionserfahrung) gegenübergestellt. Bei dieser letzten Gruppe wurde nicht unterschieden zwischen den Eltern, bei deren Kindern ein sonderpädagogischer Förderbedarf diagnostiziert wurde, und denen, bei deren Kinder ein solcher Förderbedarf nicht festgestellt wurde.

Tabelle 21: Elternsicht auf die Lehrkräfte an der Schule des eigenen Kindes – 2019 und 2015

	Eltern nach Inklusionserfahrung* Befragung 2019		Eltern mit Kindern nach Förderbedarf des Kindes und nach Lernort Befragung 2015		
	nicht inklusive Schule (n = 2014)	inklusive Klasse (n = 909)	inklusive Schule		nicht inklusive Schule
			Förderbedarf des Kindes		
			ohne (n = 941)	mit (n = 240)	ohne (n = 1 397)
Die Lehrkräfte…	Zustimmung in Prozent				
sind fachlich kompetent	80	85	90	89	82
können die Unterrichtsinhalte erklären	78	83	87	90	78
sind engagiert	75	82	80	83	76
setzen sich für eine gute Beziehung zu ihren Schülern ein	75	79	77	89	76
können mit unterschiedlichen sprachlichen Voraussetzungen der Schüler umgehen	52	60	61	74	55
ermutigen mein Kind, seine Interessen zu erkunden	62	72	73	77	61
kennen die Stärken der Kinder und fördern sie	60	69	71	79	60
kennen die Schwächen der Kinder und fördern sie	56	64	69	78	54
sprechen sich untereinander ab	58	66	65	74	34
arbeiten (zeitweise) im Unterricht gemeinsam oder mit anderen pädagogischen Fachkräften.	37	62	45	61	34
beraten mich hinsichtlich weiterer Anregungs- und Fördermaßnahmen für mein Kind	49	59	64	73	54

* Die Kinder von Eltern ohne Inklusionserfahrung lernen nicht in einer inklusiven Schule. Die Kinder von Eltern mit Inklusionserfahrung lernen in einer inklusiven Klasse, bei ihnen wird nicht unterschieden zwischen Kindern mit und ohne einen sonderpädagogischen Förderbedarf.
Quellen: für Befragung 2019: Hollenbach-Biele/Klemm 2020: S. 54; für Befragung 2015: Bertelsmann Stiftung 2015: S. 16

Die berichteten Bewertungen des Unterrichts hängen in einem deutlichen Ausmaß davon ab, ob das eigene Schulkind in einer Klasse des gemeinsamen Lernens unterrichtet wird oder nicht. Bei allen Einzelfragen zur Arbeit der Lehrkräfte sind größere Anteile der Elterngruppen mit Inklusionserfahrung von der guten Arbeit ‚ihrer' Lehrkräfte überzeugter als die Eltern ohne Inklusionserfahrung. Ein positives Feedback geben dabei Eltern, deren Kinder an inklusiven

Schulen lernen, wenn es um das Engagement (82 gegenüber 75 Prozent), die fachliche Kompetenz (85 gegenüber 80 Prozent), die inhaltliche Vermittlungskompetenz (83 gegenüber 78 Prozent) und das Bemühen um eine gute Schüler-Lehrer-Beziehung (79 gegenüber 75 Prozent) geht. Das gleiche Muster zeigt sich auch im Bereich des individualisierenden Unterrichts: Lehrkräfte können mit den unterschiedlichen sprachlichen Voraussetzungen der Kinder umgehen (60 gegenüber 52 Prozent), sie ermutigen die Kinder, ihre Interessen zu erkunden (72 gegenüber 62 Prozent). Sie kennen die Stärken der Kinder und fördern sie (69 gegenüber 60 Prozent) ebenso, wie sie die Schwächen der Kinder kennen und auch diese Kinder entsprechend fördern (64 gegenüber 56 Prozent). Auch im Bereich der Kooperation im Team werden die Lehrkräfte von Eltern mit Inklusionserfahrung ‚stärker' wahrgenommen als die Lehrkräfte von Eltern ohne Inklsionserfahrung: Sie sprechen sich untereinander ab (66 gegenüber 58 Prozent) und sie arbeiten – zumindest zeitweise – im Unterricht gemeinsam bzw. mit anderen pädagogischen Fachkräften zusammebn (62 gegenüber 37 Prozent). Bezüglich der Elternwahrnehmung zur Kooperation der Lehrkräfte muss einschränkend darauf verwiesen werden, dass Eltern das Ausmaß der Kooperation nur eingeschränkt beurteilen können. Allerdings kann darauf verwiesen werden, dass ausweislich der Hamburger Inklusionsstudie sowohl die Lehrkräfte der dortigen Grundschulen als auch die der dortigen Stadtteilschulen (nicht gymnasiale Schulen des Sekundarbereichs) in einer Selbsteinschätzung überdurchschnittlich häufig angeben, „Positive Erfahrungen mit der Teamarbeit" zu haben (Schuck/Rauer/Prinz 2018: S. 57 und S. 139). Schließlich fühlen sich Eltern mit Inklusionserfahrung von den Lehrkräften besser beraten als Eltern aus Klassen, in denen kein gemeinsames Lernen stattfindet (59 gegenüber 49 Prozent).

Wie schon erwähnt, wurde bei der Auswertung der Befragung des Jahres 2019 die Gruppe der Eltern mit Inklusionserfahrung nicht danach unterschieden, ob deren Kinder einen sonderpädagogischen Förderbedarf hatten. Bei der Auswertung der Elternbefragung 2015 konnte diese Unterscheidung vorgenommen werden. Dabei ergab sich, dass die Eltern von Kindern mit Förderbedarf in Schulen des gemeinsamen Lernens bei allen Items der Befragung ‚ihre' Lehrkräfte im Vergleich zum Urteil der Eltern von Kindern ohne diesen Förderbedarf in nicht inklusiven Schulen positiver beurteilten. Darüber hinausgehend ist von Interesse, dass auch die Eltern, deren Kinder ohne einen sonderpädagogischen Förderbedarf in inklusiven Klassen unterrichtet wurden, ihre Lehrkräfte positiver bewerteten als es die Eltern von Kindern ohne Förderbedarf, die in nicht inklusiven Schulen lernten, taten.

6.2 Unterstützungsangebote für Schulen des gemeinsamen Lernens

Alle Bundesländer haben – zum Teil auch durch Vorgaben im Schulgesetz – Unterstützungssysteme für inklusive Schulen aufgebaut (vgl. dazu auch Döttinger/Pluhar 2019, S. 45–69 sowie Klemm 2020). Was die Regelungen zu Beratung und Unterstützung inklusiv arbeitender Schulen aller Länder verbindet, ist die Tatsache, dass die Einrichtungen zur Beratung und Unterstützung durchweg aus ehemaligen Förderschulen hervorgegangen sind oder Teil der weiter bestehenden Förderschulen sind. Besonders stark entwickelt sind die Beratungs- und Unterstützungsangebote in den drei Stadtstaaten: In Berlin finden sich in allen Bezirken der Stadt ‚Schulpsychologische und Inklusionspädagogische Bildungs- und Unterstützungszentren (SIBUZ)', in Bremen wurden vier ‚Regionale Beratungs- und Unterstützungszentren (ReBUZ)' eingerichtet, in Hamburg werden die allgemeinen Schulen durch ‚Regionale Bildungs- und Beratungszentren (ReBBZ)' beraten und unterstützt. In Hessen wurden überall im Land regionale ‚Inklusive Schulbündnisse' eingerichtet, in denen Förderschulen und allgemeine Schulen vertreten sind und die – unterstützt von Beratungs- und Förderzentren – den Prozess der Inklusion beraten und begleiten. Mecklenburg-Vorpommern hat in seinen vier Schulamtsbezirken einen Zentralen Diagnostischen Dienst geschaffen, der zusammen mit einem eigenen Referat des Instituts für Qualitätssicherung den Inklusionsprozess begleitet und unterstützt. Niedersachsen hat zur Unterstützung und Beratung ‚Regionale Beratungs- und Unterstützungszentren Inklusive Schule (RZI)' eingerichtet. In Nordrhein-Westfalen leisten diese Aufgabe regionale Inklusionskoordinatorinnen und -koordinatoren. In Sachsen-Anhalt sind auf der Grundlage von Kooperationsvereinbarungen zwischen Förderschulen und allgemeinen Schulen Förderzentren entstanden, deren Aufgabe im Feld der sonderpädagogischen Beratung und Diagnostik liegt. In Bayern, Baden-Württemberg, Brandenburg, Rheinland-Pfalz, dem Saarland, Schleswig-Holstein und Thüringen werden Beratungs- und Unterstützungsleistungen seitens der Förderschulen erbracht, in Schleswig-Holstein besonders auch seitens der Förderschulen ohne Schüler. Sachsen bleibt hinter diesen Angeboten deutlich zurück: Dort bietet das Land „Beratungsleistungen, Qualifizierungen und Fortbildungen einschließlich Schulentwicklung und Projekte sowie die Neugestaltung der Website auf dem sächsischen Bildungsserver" (vgl. KMK 2018b: S. 68) an.

6.3 Die Wahrnehmung der Rahmenbedingungen schulischer Inklusion

In den öffentlichen Debatten zum Projekt Inklusion nehmen die Rahmenbedingungen und insbesondere die Personalausstattung inklusiver Schulen einen herausragenden Raum ein: Ausweislich der im gemeinsamen Auftrag der ‚Aktion Mensch' und der Wochenzeitung ‚DIE ZEIT' von infas durchgeführten repräsentativen Bevölkerungsbefragung wird die Personalausstattung der Schulen des gemeinsamen Lernens insgesamt als unzureichend wahrgenommen. Nur 10 Prozent der Gesamtbevölkerung und nur 8 Prozent der Eltern mit Inklusionserfahrung stimmen dem Satz „Es gibt an den Schulen genügend Lehrerinnen und Lehrer für die Gestaltung des inklusiven Unterrichts" zu (Aktion Mensch/DIEZEIT 2019: S. 14f.). Vergleichbar niedrig sind die Zustimmungswerte zu dem Satz „Es gibt an Inklusionsschulen neben Lehrern ausreichend Sozial- und Sonderpädagogen sowie Schulpsychologen für die Gestaltung des Unterrichts." Diesem Satz stimmen lediglich 16 Prozent der Gesamtbevölkerung und 17 Prozent der Eltern mit Inklusionserfahrung zu (S. 15f.). Schließlich befinden 38 Prozent der Eltern mit Inklusionserfahrung, dass die Klassen für inklusiven Unterricht zu groß sind (S. 16). Auch die Ausbildung der Lehrkräfte für die „Herausforderungen schulischer Inklusion" beurteilen 62 Prozent der Eltern ohne, aber nur 39 Prozent der Eltern mit Inklusionserfahrung als nicht ausreichend (S. 16).

Auch die 2019 im Auftrag der Bertelsmann Stiftung von infratest dimap durchgeführte Elternbefragung ergibt bezüglich der Rahmenbedingungen ein eher skeptisches Bild: Zwar geben 79 Prozent der Eltern mit Inklusionserfahrungen an, dass an der Schule ihres Kindes neben den Lehrkräften auch andere pädagogische Fachkräfte tätig sind, doch reicht deren Zahl offensichtlich nicht. 71 Prozent dieser Befragtengruppe äußerten sich 2019 dahingehend, dass Lehrkräfte fehlen würden (Hollenbach-Biele/Klemm 2020: S. 52).

Die Ergebnisse der im Auftrag des ‚Verbandes Bildung und Erziehung (VBE) von forsa durchgeführten Lehrkräftebefragung (Berlin 2017) unterstreichen diese Wahrnehmung: Lehrkräfte, die im gemeinsamen Unterricht tätig sind, äußern sich mehrheitlich kritisch über Rahmenbedingungen ihrer Arbeit: 68 Prozent von ihnen bewerten in ihrem Bundesland die personelle Ausstattung für den gemeinsamen Unterricht als mangelhaft bzw. als ungenügend, bei den Lehrkräften mit Inklusionserfahrung liegt dieser Wert bei 64 Prozent (S. 33). Bei lediglich 16 Prozent der inklusiv unterrichtenden Lehrkräfte war Inklusion Teil der Lehrerausbildung (S. 23). 51 Prozent der Lehrkräfte inklusiver Lerngruppen beurteilten das Fortbildungsangebot für diese Tätigkeit als mangelhaft bzw. ungenügend (S. 12). Bei 53 Prozent der im gemeinsamen Unterricht eingesetzten Lehrkräfte betrug die Zeit für die Vorbereitung auf das inklusive Unterrichten eine oder nur wenige Wochen (S. 21). Und schließlich: An etwa zwei Dritteln der Schulen mit inklusiven Lerngruppen steht für die Unterstützung der Lehrkräfte nach deren Auskunft am ehesten ein Sonderpädagoge oder ein Sozialpädagoge zur Verfügung. Nur in wenigen Fällen ist schulpsychologische Unterstützung oder medizinische Assistenz gegeben (S. 24).

Die in allen Befragungen von Eltern und Lehrkräften zum Ausdruck kommende Kritik an der Ausstattung der inklusiven Schulen mit Personalressourcen findet sich auch in der Hamburger Studie ‚EiBiSch – Evaluation inklusiver Bildung in Hamburgs Schulen'. Ein zentrales Ergebnis dieser Studie fassen die Autoren so zusammen: „Hervorstechender Kritikpunkt ist die vom pädagogischen Personal als unzureichend wahrgenommene Ressourcenausstattung." (Schuck/Rauer/Prinz 2018: S. 211) Dieser zusammenfassende Satz könnte auch als Überschrift über die in diesem Abschnitt referierten Befunde dienen.

6.4 Fazit

Während der Unterricht in inklusiven Lerngruppen im Vergleich zu dem von Gruppen, in denen keine Kinder und Jugendliche mit einem sonderpädagogischem Förderbedarf unterichtet werden, von Eltern besser bewertet wird, lassen die unterstützenden Hilfen für die Schulen des gemeinsamen Lernens in einer Reihe von Bundesländern zu wünschen übrig. Durchgängig wird in allen herangezogenen Befragungen und Studien die Ausstattung der Schulen des gemeinsamen Lernens mit pädagogischen Fachkräften als ungenügend wahrgenommen. Umso bemerkenswerter ist vor diesem Hintergrund die positive Bewertung der Unterrichtsqualität dieser Schulen.

7. Der Ertrag inklusiven Unterrichtens: Ergebnisse der Bildungsforschung

In den Debatten um Vor- und Nachteile von separierenden Förderschulen bzw. von inklusivem Unterricht in allgemeinen Schulen steht die Frage nach der Leistungsentwicklung der Schülerinnen und Schüler im Mittelpunkt des Interesses. Zu ihrer Beantwortung finden sich international und – nach einer inzwischen mehr als dreißigjährigen Erfahrung mit Gemeinsamem Unterricht – auch national eine größere Zahl empirischer Studien (vgl. die Übersicht über neuere Studien bei Preuss-Lausitz 2019). Zusammenfassend schreiben Stranghöner u.a. zum Ergebnis dieser Studien: „Die Mehrzahl nationaler wie internationaler Befunde deuten darauf hin, dass Kinder mit SFB (sonderpädagogischem Förderbedarf – Klaus Klemm) bessere Leistungen zeigen, wenn sie inklusiv beschult werden" (Stranghöner u.a. 2017: S. 127). Allerdings muss darauf verwiesen werden, dass in der Mehrzahl dieser Studien keine standardisierten Leistungstests verwendet werden und dass zumeist nicht überprüft wird, ob die verglichenen Schülergruppen vergleichbar sind. Zudem muss angemerkt werden, dass sich die deutschen Studien zu dieser Fragestellung überwiegend auf Kinder der Grundschulen bzw. der Jahrgangsstufen 1 bis 4 der Förderschulen beziehen – und zwar nur auf die Schülerinnen und Schüler der Förderschwerpunkte ‚Lernen', ‚Emotional-soziale Entwicklung' sowie ‚Sprache'. Allerdings sind immerhin zwei Drittel aller Kinder und Jugendlichen mit einem diagnostizierten sonderpädagogischen Förderbedarf diesen drei Förderschwerpunkten zuzurechnen (vgl. Tabelle 6).

Unter den deutschen Studien, die die Leistungen von Schülerinnen und Schülern mit sonderpädagogischem Förderbedarf an den beiden Lernorten ‚allgemeine Schule' und ‚Förderschule' vergleichen, sind zwei Typen zu unterscheiden: Untersuchungen, die Leistungen im Querschnitt vergleichen sowie Längsschnittstudien, die die Leistungsentwicklung im Zeitverlauf in den Blick nehmen. Im Folgenden sollen aktuelle Befunde je einer Querschnittstudie (Kocaj u.a. 2017) sowie einer Längsschnittstudie (Stranghöner u.a. 2017) berichtet werden. Beiden Studien ist gemeinsam, dass sie mit standardisierten Tests arbeiten und ein Verfahren einsetzen, bei dem die Bedeutung potenzieller Einflussfaktoren wie kognitive Grundfähigkeiten, Geschlecht und sozioökonomischer Status auf die Leistungen und deren Entwicklung berücksichtigt wird. Kocaj u.a. erläutern dies so: „Jedem Kind mit SPF (sonderpädagogischem Förderbedarf – Klaus Klemm) aus einer allgemeinen Schule wird ein in diesen Merkmalen sehr ähnliches Kind aus einer Förderschule zugeordnet. Anschließend werden nur diese ‚statistischen Zwillinge' in ihren schulischen Kompetenzen (…) miteinander verglichen" (2017: S. 306).

Kocaj u. a. haben im Rahmen der Überprüfung zum Erreichen der Bildungsstandards in den Fächern Deutsch und Mathematik am Ende der vierten Jahrgangsstufe im Schuljahr 2015/16 die schulischen Kompetenzen sowie die schulische Motivation von Kindern mit einem sonderpädagogischen Förderbedarf an Förderschulen und an allgemeinen Schulen untersucht. Sie beziehen sich dabei auf Schülerinnen und Schüler der Förderschwerpunkte ‚Lernen', ‚Sprache' sowie ‚Emotionale und soziale Entwicklung'. Die Ergebnisse ihrer querschnittlich angelegten Studie zeigen (2017: S. 307 ff.):

- Im Förderschwerpunkt ‚Lernen' erreichen Kinder mit sonderpädagogischem Förderbedarf in inklusiven Schulen in den Teilgebieten Lesen, Zuhören und Mathematik höhere Kompetenzwerte als vergleichbare Kinder in Förderschulen. Im Kompetenzbereich Orthografie findet sich zwischen den beiden Lernorten kein signifikanter Unterschied.
- Im Förderschwerpunkt ‚Sprache' ergibt sich ein vergleichbares Bild: beim Lesen, beim Zuhören und in der Mathematik erzielen Kinder des Lernorts allgemeine Schule gleichfalls (wenn auch weniger stark ausgeprägt) signifikant höhere Kompetenzwerte als die Kinder der Förderschulen; auch hier ergeben sich im Bereich der Orthografie keine signifikanten Unterschiede.
- Im Förderschwerpunkt ‚Emotionale und soziale Entwicklung' lassen sich für keinen der getesteten Kompetenzbereiche statistisch signifikante Unterschiede zwischen den an beiden Lernorten erzielten Kompetenzwerten nachweisen.

Bezüglich der schulischen Motivation finden sich bei den drei untersuchten Förderschwerpunkten gegenläufige Ergebnisse: „Im Gegensatz zu den schulischen Kompetenzen weisen Kinder mit SPF (sonderpädagischem Förderbedarf – Klaus Klemm) in Förderschulen insgesamt eine höhere schulische Motivation auf als vergleichbare Kinder mit SPF in allgemeinen Schulen" (2017, S. 313). Diesen bedeutsamen Befund erklären Kocaj u. a. durch soziale Vergleichsprozesse: In Förderschulen vergleichen sich die Schülerinnen und Schüler auch mit eher Leistungsschwächeren. Dies führe – so die Autoren – zur Entwicklung positiverer Fähigkeitsselbsteinschätzungen. In allgemeinen Schulen dagegen führe der Vergleich mit Leistungsstärkeren dazu, dass sich die Kinder mit Förderbedarf als weniger kompetent einschätzen und eine geringere schulische Motivation aufweisen.

Anders als Kocaj u. a. präsentieren Stranghöner u. a. (2017) eine Längsschnittstudie. Im Rahmen der ‚Bielefelder Längsschnittstudie zum Lernen in inklusiven und exklusiven Förderarrangements (BiLieF)' untersuchen sie an beiden Lernorten vergleichend die Leistungsentwicklung im Lesen und Rechtschreiben von Kindern des Förderschwerpunktes ‚Lernen' vom Anfang der dritten (2012/13) bis zum Ende der vierten Jahrgangsstufe (2013/14). Sie berücksichtigen dabei gleichfalls für beide Gruppen potenzielle Einflussfaktoren wie Intelligenz, Geschlecht und sozioökonomischen Status. Die Befunde ihrer Studie zusammenfassend stellen sie fest: „Die Ergebnisse zeigten bedeutsame Unterschiede im Ausgangsniveau der Lese-Rechtschreibleistungen. Demnach wiesen die inklusiv beschulten Kinder bessere Ausgangswerte in beiden Domänen (Lesen und Rechtschreiben – Klaus Klemm) auf. Darüber hinaus zeigten die inklusiv beschulten Kinder zu allen Messzeitpunkten im Mittel höhere Werte im Lesen und im Rechtschreiben als ihre exklusiv beschulten Peers" (2017: S. 132f.). Auch wenn die inklusiv unterrichteten Kinder nicht nur zu Beginn der Untersuchung, sondern auch am Ende der vierten Jahrgangsstufe in beiden Domänen im Mittel höhere Testleistungen erreichten, war ihr Lernzuwachs während des Untersuchungszeitraums im Lesen stärker als der der exklusiv Unterrichteten, im Rechtschreiben war dagegen der Lernzuwachs bei den exklusiv Unterrichteten höher als bei den inklusiv Unterrichteten. Stranghöner u.a. sehen in der Tatsache, dass die Leistungen in beiden untersuchten Domänen bei den Kindern des Lernorts ‚allgemeine Schule' höher als die der Kinder des Lernorts ‚Förderschule' ist, einen Hinweis darauf, dass leistungsstärkere Kinder eher inklusiv und leistungsschwächere Kinder eher exklusiv unterrichtet werden. Ob ein solcher Selektionseffekt anzunehmen ist, muss – darauf verweisen sie ausdrücklich – in zukünftigen Studien näher untersucht werden (2017: S. 133). Über die bisher hier berichteten Befunde hinausgehend berichten Lütje-Klose u.a. (2018) ein weiteres bemerkenswertes Ergebnis: Anders als frühere Studien liefert die Bielefelder Studie keine Hinweise darauf, dass das „Wohlbefinden und die wahrgenommene soziale Partizipation" in inklusiv arbeitenden Grundschulen signifikant ungünstiger ausfallen als in Förderschulen (S. 119).

Wie bereits erwähnt, muss mit Blick auf die hier herangezogenen Studien darauf verwiesen werden, dass es sich um Arbeiten handelt, die nur auf die Grundschule sowie auf die ersten vier Jahrgänge der Förderschule und ausschließlich auf einen oder alle der Förderschwerpunkte ‚Lernen', ‚Emotionale und soziale Entwicklung' sowie ‚Sprache' bezogen sind. Studien, die die Entwicklung von Schülern und Schülerinnen mit einem diagnostizierten sonderpädagogischen Förderbedarf in den Jahrgangsstufen 5ff. der beiden Lernorte zum Gegenstand haben, stehen aus.

Die beiden hier herangezogenen Studien haben die Entwicklung von Schülerinnen und Schülern mit einem diagnostizierten sonderpädagogischen Förderbedarf im Vergleich der beiden Lernorte ‚allgemeine Schule' und ‚Förderschule' zum Gegenstand ihrer Untersuchung. Sie erforschen nicht die Entwicklung von Schülerinnen und Schülern ohne Förderbedarf in Klassen mit inklusiv unterrichteten Kindern und Jugendlichen im Vergleich zu der Entwicklung von Schülerinnen und Schülern solcher Klassen, in denen keine Kinder und Jugendliche mit einem sonderpädagogischen Förderbedarf lernen. Einen derartigen Vergleich ermöglichte die wissenschaftliche Begleitung der Pilotphase der Berliner Gemeinschaftsschulen, in deren Verlauf 2009/10 und 2011/12 (1. Kohorte) sowie 2012/13 und 2014/15 (2. Kohorte) jeweils in den Jahrgangsstufen 7 und 9 Berliner Gemeinschaftsschulen Lernstanderhebungen in den vier Kompetenzbereichen Leseverständnis, Englisch, Mathematik und Naturwissenschaften durchgeführt wurden. In beiden Kohorten waren Klassen mit und solche ohne Schülerinnen und Schüler mit einem diagnostizierten sonderpädagogischen Förderbedarf vertreten. Dies ermöglichte eine vergleichende Auswertung der Lernergebnisse von Jugendlichen ohne Förderbedarf in den beiden unterschiedlichen Klassentypen. Die Autoren der Studie fassen ihr Ergebnis so zusammen: „Es lassen sich folglich hinsichtlich der Lernentwicklungen in den untersuchten Kompetenzbereichen keinerlei Nachteile für Schülerinnen und Schüler feststellen, die gemeinsam mit Schülerinnen und Schülern mit sonderpädagogischem Förderbedarf unterrichtet werden." (Senatsverwaltung für Bildung, Jugend und Wissenschaft, Berlin 2016: S. 199) In Mathematik fielen die Lernfortschritte der Schülerinnen und Schüler ohne Förderbedarf in den Klassen mit Schülern mit Förderbedarf höher als in den Klassen ohne Schülerinnen und Schüler mit Förderbedarf aus. Die Autoren der Studie bieten dafür eine Erklärung an: „Die deutlich höheren Lernfortschritte in Mathematik lassen vermuten, dass die (förderdiagnostische) Expertise der in den Jahrgangsteams mitarbeitenden Sonderpädagoginnen und Sonderpädagogen allen Schülerinnen und Schülern zugutekommt." (a. a. O.: S. 199).

Den Bericht über die Befunde empirischer Studien, die die Leistungsentwicklung von Schülerinnen und Schülern mit sonderpädagogischem Förderbedarf im Vergleich der beiden Lernorte ‚allgemeine Schule' und ‚Förderschule' betreffen, soll ein Verweis auf die Gruppe der Jugendlichen mit sonderpädagogischem Förderbedarf, die die Schule ohne einen Hauptschulabschluss verlassen, abschließen (vgl. Tabelle 22). Die Durchschnittswerte der acht Länder, die – bezogen auf 2018 – Daten dazu liefern, zeigen: Insgesamt verlassen mit 67,8 Prozent etwa zwei Drittel aller Schülerinnen und Schüler mit einem diagnostizierten sonderpädagogischen Förderbedarf die Schulen ohne einen Hauptschulabschluss. Bei den Förderschulen liegt dieser Wert mit 72,3 deutlich höher als in den allgemeinen Schulen mit 46,6 Prozent. Dieser Unterschied zu Gunsten des Lernorts ‚allgemeine Schule' findet sich – wenn auch auf unterschiedlichem Niveau und unterschiedlich stark ausgeprägt – in allen Förderschwerpunkten. Hier muss allerdings darauf verwiesen werden, dass diese Daten keine Auskunft dazu geben, ob in der Gruppe der Jugendlichen mit sonderpädagogischem Förderbedarf die leistungsstärkeren Schülerinnen und Schüler eher inklusiv und die leistungsschwächeren Kinder und Jugendlichen eher exklusiv unterrichtet werden.

Tabelle 22: Jugendliche ohne Hauptschulabschluss nach Lernorten und Förderschwerpunkten – 2018 (in Prozent)*

Förderschwerpunkt	insgesamt	Förderschulen	allgemeine Schulen
Lernen	73,1	75,3	64,6
Sehen	36,8	44,0	7,1
Hören	25,7	29,7	5,9
Sprache	17,0	17,4	16,2
Körperlich-motorische Entwicklung	61,6	69,7	10,4
Geistige Entwicklung	99,8	100,0	92,9
Emotionale und soziale Entwicklung	36,8	42,3	20,7
übergreifend	77,8	80,2	0,0
ohne Zuordnung	27,6	47,5	10,6
Insgesamt	67,8	72,3	46,6

* Werte der Länder Bremen, Hamburg, Hessen, Mecklenburg-Vorpommern, Nordrhein-Westfalen, Rheinland-Pfalz, Schleswig-Holstein und Thüringen – zu den übrigen Bundesländern sind keine Daten verfügbar
Quelle: eigene Berechnungen nach: Statistisches Bundesamt 2019

Untersuchungen, die mit Blick auf die Jugendlichen mit sonderpädagogischem Förderbedarf belastbare Informationen zum Übergang aus den allgemeinbildenden Schulen (den allgemeinen Schulen und den Förderschulen) in die berufliche Ausbildung liefern, liegen nicht vor. Auch die ‚Zusatzanalyse', die in der Untersuchung von Aktion Mensch/DIE ZEIT unter der Überschrift ‚Tatsächliche Wirkung schulischer Inklusion auf den Übergang ins Ausbildungssystem' vorgestellt wird (Aktion Mensch/DIE ZEIT 2019: S. 17–24), bietet – anders als es der Titel erwarten lässt – keine darauf bezogenen Erkenntnisse. In dieser Analyse, die sich auf Daten des ‚Nationalen Bildungspanels (NEPS)' stützt, wird der Übergang von insgesamt 11 755 Abgängern und Absolventen des allgemeinbildenden Schulsystems aus den Jahren zwischen 2010 und 2015 in eine Ausbildung oder eine berufsvorbereitende Maßnahme untersucht. Dabei werden die Übergänge von Schülerinnen und Schülern aus nicht inklusiven Klassen der Regelschulen, aus inklusiven Klassen der Regelschulen und aus Förderschulen vergleichend betrachtet. Die Ergebnisse werden von den Autoren so zusammengefasst: „Während durchschnittlich 57,3 Prozent der ehemaligen Schülerinnen und Schüler in Regelschulen eine Ausbildung aufnehmen, liegt dieser Anteil bei den ehemaligen Förderschülern bei nur 16,3 Prozent. Betrachtet man innerhalb der Gruppe der ehemaligen Schülerinnen und Schüler an Regelschulen die unterschiedlichen Kontexte, so zeigen sich ausschließlich leichte Unterschiede. Der Anteil derer, die innerhalb der ersten sechs Monate nach der Schulzeit eine Ausbildung beginnen, ist bei ehemaligen Schülerinnen und Schülern im inklusiven Klassenkontext mit 53,6 Prozent etwas geringer als bei Jugendlichen, die in einem nicht inklusiven Klassenkontext unterrichtet wurden (57,5 Prozent).“ (2019: S. 21). Dieser Befund ist aus zwei Gründen nicht weiterführend: Zum einen arbeitet die Analyse mit einer eher problematischen Definition der ‚inklusiven Klasse‘: Eine Klasse wird dann als inklusiv eingestuft, wenn mindestens 2 Prozent ihrer Schülerinnen und Schüler einen sonderpädagogischen Förderbedarf haben (2019: S. 19). Bei einer durchschnittlichen Klassenfrequenz von etwa 21 in den Grundschulen und etwa 24 in den Schulen der Sekundarstufe I gilt daher eine Klasse mit einer Schülerin oder einem Schüler mit sonderpädagogischem Förderbedarf als inklusive Klasse. Zum anderen, und das beeinträchtigt die Bedeutung der Ergebnisse noch stärker, wird nicht untersucht, wie der Übergang in Ausbildung bei den einzelnen Schülerinnen und Schülern inklusiver bzw. nicht inklusiver Klassen verläuft, sondern nur, wie die jeweilige Gesamtheit der Absolventen und Abgänger der beiden Klassentypen einmündet.

Fazit

Zusammenfassend lässt sich zu den Ergebnissen von Vergleichsstudien der Erträge des Lernens am Lernort ‚Allgemeine Schule‘ und am Lernort ‚Förderschule‘ feststellen:

- Die vorliegenden aktuellen Untersuchungen beziehen sich in Deutschland nur auf die Förderschwerpunkte (oder einzelne dieser Förderschwerpunkte) ‚Lernen‘. ‚Emotionale und soziale Entwicklung‘ sowie ‚Sprache‘. Auch bieten sie nur Ergebnisse zur Grundschule und zu den ersten vier Jahrgängen der Förderschulen. Die darauf bezogenen empirisch abgesicherten Befunde sehen im Leistungsbereich eher Vorteile des inklusiven Lernens sowie im Feld der schulischen Motivation und des Wohlbefindens in der Schule teils Vorteile des inklusiven und teils auch Vorteile des exklusiven Lernens.
- Schülerinnen und Schüler ohne sonderpädagogischen Förderbedarf, die gemeinsam mit Kindern und Jugendlichen mit Förderbedarf lernen, werden in ihren Lernfortschritten im Vergleich mit Schülerinnen und Schülern, die nicht gemeinsam mit Kindern mit sonderpädagogischem Förderbedarf unterrichtet werden, nicht benachteiligt. Im Gegenteil: Sie können von der Expertise der Lehrerteams profitieren.
- Die Schülerinnen und Schüler mit sonderpädagogischem Förderbedarf erreichen in inklusiven Klassen leicht höhere Schulabschlüsse als Gleichaltrige in Förderschulen.

Auch wenn es nicht ausgeschlossen werden kann, dass die günstigeren Ergebnisse in inklusiven Klassen einer nicht intendierten Eingangsselektion der allgemeinen Schulen zuzuschreiben sein könnten, bleibt immer noch die Feststellung: Es gibt keinen empirisch abgesicherten Hinweis darauf, dass Kinder und

Jugendliche mit sonderpädagogischem Förderbedarf in inklusiven Lerngruppen im Vergleich zum Lernen in Förderschulen geringere Lernfortschritte machen würden. Davon, dass Inklusion in Deutschland gescheitert sei, kann vor dem Hintergrund dieser Befunde keine Rede sein.

8. Inklusion im Urteil einer breiteren Öffentlichkeit, von Lehrkräften und von Eltern

Im nun folgenden Abschnitt werden Ergebnisse von Befragungen zur generellen Haltung zur schulischen Inklusion vorgestellt. Das sich dabei ergebende Bild der Wahrnehmung schulischer Inklusion stützt sich auf die bereits im Abschnitt 6 vorgestellten Befragungen aus den letzten Jahren.

8.1 Die Einschätzung des Inklusionsprojektes durch eine breitere Öffentlichkeit

Eine aktuelle Umfrage, die im Auftrag der Wochenzeitung ‚DIE ZEIT' und der ‚Aktion Mensch' durch infas durchgeführt wurde und an der eine repräsentative Gruppe der Gesamtbevölkerung teilnahm, zeigt (Aktion Mensch/DIEZEIT 2019): Die Mehrheit der Bevölkerung spricht sich für gesellschaftliche Inklusion insgesamt und auch für das inklusive Lernen von Schülerinnen und Schülern im Besonderen aus. 85 Prozent sind für ein gleichberechtigtes Zusammenleben in der Gesellschaft, 94 Prozent finden gemeinsame Freizeitbeschäftigungen von Kindern mit und ohne sonderpädagogischem Förderbedarf wichtig und 66 Prozent aller Befragten stimmen dem Satz „Kinder mit und ohne Beeinträchtigung sollen in der Schule gemeinsam unterrichtet werden" zu (S. 8). Die Bedeutung, die Inklusion für das gesellschaftliche Miteinander hat, wird von der Mehrheit der Befragten als sehr hoch eingeschätzt: Etwa drei Viertel aller Befragten halten Inklusion für förderlich im Hinblick auf Toleranz und einen besseren Umgang miteinander (S. 10). Etwa 70 Prozent der Befragten erwarten, dass inklusives Lernen die Persönlichkeitsentwicklung und das Selbstwertgefühl des Einzelnen stärke und die Wahrscheinlichkeit erhöhe, dass man sich sozial engagiere. Verhaltener fallen hingegen die Einschätzungen zur Leistungsförderung in einem inklusiven Schulsystem aus: Knapp über 60 Prozent denken, dass die Chancen insbesondere leistungsschwächerer Kinder auf (gute) Schulabschlüsse steigen und dass das Gemeinsame Lernen gut auf das Berufsleben vorbereite. Daneben befürchtet knapp die Hälfte der Befragten, dass leistungsstärkere Schüler im Lernen gebremst werden (S. 11).

Ausweislich des IFO-Bildungsbarometers (Wößmann u.a. 2019) scheiden sich die Geister hinsichtlich der Frage, ob inklusives Lernen als Reformkonzept geeignet ist, Chancengleichheit und Leistungsniveau im deutschen Schulsystem zu verbessern: Nur die knappe Hälfte (49 Prozent) der dort Befragten erwartet diese Wirkung, 40 % hingegen nicht.

Wie schon im Abschnitt 6.3 dieser Studie berichtet, denken lediglich 10 Prozent der gesamten Bevölkerung, dass die Personalausstattung der Schulen des gemeinsamen Lernens hinreichend sei (Aktion Mensch/DIE ZEIT 2019: S. 14f.).

8.2 Inklusion im Urteil der Lehrkräfte

Lehrkräfte haben – im Vergleich mit einer breiten Öffentlichkeit und mit Eltern – einen grundsätzlich anderen Blick auf Schule und Unterricht. Schließlich sind sie die zentralen Akteure, die Bildungskonzepte wie das der Inklusion im Alltag umsetzen müssen. Ihre Haltung zum gemeinsamen Lernen von Kindern mit und ohne sonderpädagogischem Förderbedarf ist – das wird aus verschiedenen Umfragen und Studien deutlich – auch zehn Jahre nach der UN-Behindertenrechtskonvention ambivalent. Wie die Lehrkräftebefragung von Forsa aus dem Jahr 2017 zeigt, liegt die generelle Zustimmung zum gemeinsamen Unterricht deutlich unter den Werten der Gesamtbevölkerung: Mit 54 Prozent der befragten Lehrerinnen und Lehrer hält eine knappe Mehrheit schulische Inklusion für sinnvoll. Dabei macht die konkrete Erfahrung einen Unterschied: Lehrkräfte, an deren Schulen inklusive Lerngruppen bestehen, bewerten das gemeinsame Lernen mit 59 Prozent deutlich positiver als Lehrkräfte, an deren Schulen es solche Lerngruppen nicht gibt (47 Prozent; forsa 2017: S. 3). Die bereits im sechsten Abschnitt dieser Arbeit berichtete Kritik an den unzureichenden Rahmenbedingungen, insbesondere an dem zu gering zugewiesenen zusätzlichen pädagogischen Personal, ist dominant: 68 Prozent der Lehrkräfte bewerten die personelle Ausstattung für den gemeinsamen Unterricht als mangelhaft oder gar als ungenügend (forsa 2017: S. 23).

8.3 Inklusion im Urteil befragter Eltern

Zur grundlegenden Haltung der befragten Eltern finden sich in allen genannten Studien Ergebnisse: In der im Auftrag von Aktion Mensch/DIE ZEIT erstellten Untersuchung befürworten 78 Prozent der Eltern mit Inklusionserfahrung, aber nur 61 Prozent der Eltern ohne Inklusionserfahrung den gemeinsamen Unterricht von Kindern mit und ohne sonderpädagogischem Förderbedarf. (S. 9). In der jüngsten JAKO-O Bildungsstudie (2017) werden gleichfalls Eltern schulpflichtiger Kinder nach der Befürwortung gemeinsamen Lernens gefragt. Ihre Antworten werden jedoch nach Förderschwerpunkten der Kinder mit sonderpädagogischem Förderbedarf getrennt ausgewiesen: Mit Blick auf die Kinder und Jugendlichen des Förderschwerpunktes ‚Körperlich-motorische Entwicklung' sprechen sich 89 Prozent der befragten Eltern für das gemeinsame Lernen aus, beim Förderschwerpunkt ‚Lernen' gilt dies für 71 Prozent, beim Schwerpunkt ‚Emotionale und soziale Entwicklung' trifft dies für 49 Prozent zu, beim Förderschwerpunkt ‚Geistige Entwicklung' tun dies nur noch 41 Prozent. Für all die hier aufgeführten Schwerpunkte gilt, dass bei Eltern, deren Kinder eine inklusive Schule besuchen, die Akzeptanz inklusiven Lernens höher ausfällt als bei den Eltern, die keine persönliche Erfahrung mit schulischer Inklusion haben (Paseka 2017: S. 106).

Ein Vergleich der beiden Elternbefragungen der Bertelsmann Studie zeigt, dass sich die Akzeptanz gegenüber inklusivem Unterricht in der Elternschaft im Zeitverlauf nur wenig verändert hat (vgl. zu den folgenden Werten Hollenbach-Biele/Klemm 2020: S. 22 f.). So beantworteten im Jahr 2015 die Frage, ob Kinder mit und ohne einen sonderpädagogischen Förderbedarf in der Schule gemeinsam lernen sollten, 21 % mit Ja und 8 % mit Nein, 70 Prozent hingegen machten seinerzeit das gemeinsame Lernen von der Art des Förderbedarfs abhängig. Vier Jahre später – und damit genau 10 Jahre nach Einführung des gemeinsamen Unterrichts – befürworten 24 % der befragten Eltern schulpflichtiger Kinder die schulische Inklusion uneingeschränkt mit Ja, 12 % lehnen dies ab. Nach wie vor machen mit 63 Prozent knapp zwei Drittel das gemeinsame Lernen vom spezifischen Förderbedarf abhängig. Ein Blick auf die vom spezifischen Förderschwerpunkt abhängigen Einschätzungen zeigt: 2019 befürworteten 94 Prozent den inklusiven Unterricht für Kinder mit körperlicher Beeinträchtigung. Bei mehr als zwei Dritteln (71 Prozent) der befragten Elterngruppe gilt dies auch für das gemeinsame Lernen von Kindern ohne sonderpädagogischem Förderbedarf und solchen mit Sprachschwierigkeiten; bei 65 Prozent findet der inklusive Unterricht von Kindern mit Lernschwierigkeiten, bei 56 Prozent von Kindern mit Sinnesbeeinträchtigungen Zustimmung. Die größte Skepsis vertreten Eltern in Bezug auf Kinder mit Verhaltensauffälligkeiten, seit 2015 ist der Zustimmungsanteil von 42 sogar auf nur noch 37 Prozent gesunken.

In allen der hier ausgewerteten Elternbefragungen drücken die Befragten die Sorge aus, dass im gemeinsamen Unterricht nicht behinderte Kinder im fachlichen Lernen ‚gebremst' werden: Bei der JAKO-O Bildungsstudie 2014 äußerten dies 46 Prozent der Eltern – eine Ausdifferenzierung nach Eltern mit bzw. ohne Inklusionserfahrung bietet diese Studie nicht (Dedering/Horstkemper: S. 54 f.). Auch die Aktion Mensch/DIE ZEIT-Befragung belegt, dass Eltern dies fürchten: Von denen ohne Inklusionserfahrung stimmen 47 Prozent dem Satz „Ein inklusives Schulsystem bremst besonders leistungsstarke Schüler im fachlichen Lernen" zu; bei den Eltern mit Inklusionserfahrung liegt diese Zustimmung mit 55 Prozent noch deutlich höher (S. 13). Ausweislich der aktuellen Umfrage der Bertelsmann Stiftung aus dem Jahr 2019 meinen 44 Prozent der befragten Eltern, dass Kinder ohne sonderpädagogischen Förderbedarf im gemeinsamen

Unterricht im fachlichen Lernen ‚gebremst' werden. In der Bertelsmann-Umfrage von 2015 aber vertraten noch 51 Prozent diese Einschätzung (Hollenbach-Biele/Klemm 20120: S. 25). Unabhängig vom spezifischen Förderschwerpunkt zeigen die Befragungen, dass Eltern die Ausstattung der Schulen mit pädagogischem Personal als nicht hinreichend einschätzen (vgl. dazu Abschnitt 6.3).

Insgesamt zeigt sich in den Antwortmustern aller Eltern, dass die Sichtweise auf den gemeinsamen Unterricht deutlich von der persönlichen Erfahrung der Befragten bestimmt wird: Je nachdem, ob in der Klasse des eigenen Kindes inklusiv gelernt und gelebt wird oder nicht, sind Eltern mehr oder weniger zuversichtlich, was die Möglichkeiten schulischer Inklusion betrifft.

Einen interessanten Hinweis darauf, ob neben der persönlichen Erfahrung, die Eltern mit inkluivem Unterricht ihrer Kinder haben machen können, auch der soziale Hintergrund der Eltern (SES) deren Ein- oder auch Wertschätzung von Inklusion prägt, gibt der IQB-Bildungstrend 2016 (Stanat u.a. 2017). In Förderschulen stellen die Schülerinnen und Schüler aus sozial ‚starken' Familien mit 28,3 % die Gruppe den geringsten, in den allgemeinen Schulen mit 36,2 Prozent den höchsten Anteil (vgl. Tabelle 23). Stanat u.a. kommentieren diesen Befund so: „Insbesondere der Befund, dass Kinder mit SPF aus Familien mit hohem SES (sozioökonomischem Status – Klaus Klemm) häufiger an allgemeinen Schulen beschult werden als Kinder aus Familien mit niedrigem SES, könnte darauf hinweisen, dass sozial besser gestellte Eltern häufiger davon ausgehen, dass gemeinsamer Unterricht mit Vorteilen für ihre Kinder verbunden ist und sich stärker dafür einsetzen, dass ihr Kind an einer allgemeinen Schule beschult wird." (2017: S. 299).

Tabelle 23: Prozentuale Anteile von Schülerinnen und Schülern mit sonderpädagogischem Förderbedarf (SPF)* in den Lernorten nach sozioökonomischem Status – Deutschland 2016

		Förderschulen	allgemeine Schulen
EGP I–II	hoch	28,3	36,2
EGP III–V	mittel	33,9	33,9
EGP VI–VII	niedrig	37,8	29,9
EGP I–VII	100,0	100,0	100,0

* nur Förderschwerpunkte ‚Lernen', ‚Emotionale und soziale Entwicklung' und ‚Sprache'
Quelle: Stanat u. a. (Hrsg.)(2017): S. 296

9. Ein Blick in die Zukunft: Was die Bundesländer planen

Damit Deutschland insgesamt und seine sechzehn Bundesländer dem Ziel der UN-Behindertenrechtskonvention gerecht werden können, „Menschen mit Behinderungen nicht aufgrund von Behinderungen vom allgemeinen Bildungssystem“ auszuschließen, ist eine Voraussetzung von herausgehobener Bedeutung: Die einzelnen Bundesländer müssten nachdrücklich das Ziel verfolgen, den Anteil der Schüler, die separierende Förderschulen besuchen, deutlich zu verringern. Ob und inwieweit diese Voraussetzung gegeben ist, soll im Folgenden untersucht werden.

Im fünften Abschnitt dieser Studie wurde die Entwicklung hin zur inklusiven Schule an Hand der Veränderung der Exklusionsquoten beschrieben. Diese Quote wird dabei als die zentrale Größe in der Diskussion darüber, inwieweit eine Annäherung an die Ziele der UN-Konvention vorangekommen ist, verstanden. Sie beziffert den Anteil der Schüler und Schülerinnen mit Förderbedarf, die separiert in Förderschulen unterrichtet werden, an allen Schülerinnen und Schülern mit Vollzeitschulpflicht (also der Schülerinnen der Jahrgangsstufen 1 bis 9 bzw. in einzelnen Bundesländern 10 der allgemeinen Schulen und der Förderschulen). Es konnte gezeigt werden, dass sich dieser Anteil in den Jahren von 2008/09 bis 2018/19 von 4,8 auf 4,2 Prozent, also um 0,6 Prozentpunkte, vermindert hat (vgl. Tabelle 14).

Aus der von der Kultusministerkonferenz veröffentlichten ‚Vorausberechnung der Schüler- und Absolventenzahlen 2018 bis 2030‘ (KMK 2019b) lässt sich ableiten (ohne dass die KMK dies transparent gemacht hätte), mit welchen Exklusionsquoten die einzelnen Bundesländer für die Jahre bis 2030 rechnen. Der Rechenweg, der hinter dieser Ableitung liegt, lässt sich exemplarisch am Beispiel der Berechnung der von der KMK für die gesamtdeutsche Entwicklung im Jahr 2030 unterstellten Exklusionsquote verdeutlichen (vgl. Tabelle 24):

Die Bezugsgröße (Schüler und Schülerinnen mit Vollzeitschulpflicht in den Jahrgangsstufen 1 bis 9 bzw. in einzelnen Bundesländern bis 10) ergibt sich aus der aktuellen Schülerzahlenprognose der KMK (2019b). Für das Jahr 2030 prognostiziert die KMK für diese Bezugsgröße die Zahl 8 050 123. Die darin enthaltene Zahl der Förderschülerinnen und -schüler in Höhe von 336 903 entspricht einem Anteil an der Bezugsgröße (der Gesamtheit der Kinder und Jugendlichen mit Vollzeitschulpflicht) von 4,2 Prozent. Mit Hilfe dieses Rechenweges lassen sich für jedes der Jahre bis 2030 und dabei auch für jedes der sechzehn Bundesländer und also auch für Deutschland insgesamt die in die KMK-Vorausschätzung als Annahmen eingegangenen Exklusionsquoten ermitteln – auch wenn die KMK diese Quoten an keiner Stelle ihrer Vorausschätzung ausweist.

Tabelle 24: Ermittlung der für 2030 seitens der KMK für Deutschland erwarteten Exklusionsquote

Primarstufe	Sekundarstufe I*	Förderschule	insgesamt	Exklusionsquote in Prozent
3 117 488	4 595 732	336 903	8 050 123	4,2

* Die KMK zählt in ihren Statistiken die Abendhaupt- und Abendrealschulen zu den Schulen der Sekundarstufe I. Deren Schülerzahl wurden hier herausgerechnet.
Quelle: KMK (2019b)

Tabelle 25: Prognostizierte Entwicklung der Exklusionsquoten im Ländervergleich – in Prozent

Land	2008/09	2018/19	2030/31
Baden-Württemberg	4,5	4,8	4,7
Bayern	4,5	4,7	5,1
Berlin	4,2	2,4	2,3
Brandenburg	5,4	4,0	3,6
Bremen	4,6	0,9	1,0
Hamburg	4,9	2,9	2,6
Hessen	3,9	3,4	4,1
Mecklenburg-Vorpommern	8,9	5,7	6,3
Niedersachsen	4,4	3,2	2,2
Nordrhein-Westfalen	5,1	4,6	4,7
Rheinland-Pfalz	3,8	4,2	4,0
Saarland	4,0	4,0	4,2
Sachsen	6,9	5,6	5,1
Sachsen-Anhalt	8,7	6,1	6,2
Schleswig-Holstein	3,1	2,2	1,9
Thüringen	7,5	3,7	3,8
Deutschland	4,8	4,2	4,2

Quelle: Tabelle 12 und eigene Berechnungen (vgl. dazu die Anmerkungen und die Quellenangabe zu Tabelle 24)

Ein Blick auf die sich dabei ergebenden Werte zeigt (Tabelle 25): In Deutschland insgesamt würde sich – wenn die Werte der Schülerzahlenvorausschätzung der KMK eintreffen – die Exklusionsquote von 2018/19 bis 2030/31 nicht mehr verändern: Sie würde bei 4,2 Prozent stagnieren. Im Rückblick sei daran erinnert, dass diese Quote in den vergangenen 10 Jahren von 4,8 Prozent in 2008/08 um 0,6 Prozentpunkte auf 4.2 Prozent zurückgegangen ist. Nach der aktuellen KMK-Vorausberechnung soll diese Entwicklung in den 12 Jahren von 2018/19 bis 2030/31 also nicht weitergehen. Für Deutschland insgesamt geht die KMK damit davon aus, dass es bei der Annäherung an die UN-Behindertenrechtskonvention keinen weiteren Fortschritt geben wird.

Die einzelnen Bundesländer unterscheiden sich dabei erheblich: In Bayern, Hessen, Mecklenburg-Vorpommern, Nordrhein-Westfalen, Saarland, Sachsen-Anhalt und Thüringen gehen die Länderprognosen für die Jahre bis zum Schuljahr 2030/31 von – unterschiedlich stark – steigenden Exklusionsquoten aus. Der Anstieg in Bremen von 0,9 auf 1,0 Prozent kann aufgrund des ausgesprochen niedrigen Wertes der beiden Bezugsjahre in dem hier angesprochenen Kontext vernachlässigt werden. Die übrigen sieben Länder mit steigenden Exklusionsquoten wenden sich bei ihrer Schülerzahlenprognostik in den kommenden Jahren wieder vom Ziel der UN-Konvention ab. Daneben finden sich Länder, die in ihrer Prognostik einen kleineren Ausbau der Inklusion einplanen. Bemerkenswert ist, dass Länder mit heute schon niedriger Exklusionsquote ihren Weg zu mehr Inklusion fortsetzen wollen: Dies trifft für Berlin, Hamburg, Niedersachsen und Schleswig-Holstein zu. Allerdings steuert keines dieser Länder den Wert Bremens (1,0 %) an.

10. Bildungspolitische Strategien: Grundmuster der Umsetzung inklusiver Bildung in Deutschlands allgemeinbildenden Schulen

Bildungspolitische Strategien bei der Etablierung eines inklusiven Schulsystems in Deutschland und in den deutschen Bundesländern lassen sich vor dem Hintergrund der Frage herausarbeiten, ob sie auf die Umsetzung der Zielsetzung der UN-Konvention über die Rechte von Menschen mit Behinderungen zielen. Diese Zielsetzung, daran sei noch einmal erinnert, wird in dem eingangs in dieser Studie bereits zitierten Artikel 24 formuliert und den Beitrittsstaaten auch vorgegeben. Danach „gewährleisten die Vertragsstaaten ein integratives Bildungssystem auf allen Ebenen...". Sie stellen dazu sicher, dass „Menschen mit Behinderungen nicht aufgrund von Behinderungen vom allgemeinen Bildungssystem ausgeschlossen werden und dass Kinder mit Behinderungen nicht aufgrund von Behinderung vom unentgeltlichen und obligatorischen Unterricht an Grundschulen und weiterführenden Schulen ausgeschlossen werden (...)". Der Versuch, bildungspolitische Strategien bei der Umsetzung mit dieser Zielsetzung länderspezifisch aufzuzeigen, erfolgt im Folgenden in drei Schritten. Zunächst werden Ländergruppen anhand der Entwicklung ihrer Exklusionsquoten während der Jahre von 2008/09 bis 2018/19 gebildet. In einem zweiten Schritt werden die Maßnahmen, die die diesen einzelnen Gruppen zugeordneten Länder mit Blick auf das Inklusionsprojekt ergriffen haben, beschrieben. Abschließend werden die perspektivischen Planungen der Länder der unterschiedlichen Ländergruppen dargestellt. Im Ergebnis werden Grundmuster beim Umgang mit dem Ziel Inklusion erkennbar.

10.1 Die Entwicklung der Exklusionsquoten als Kriterium der Bildung von Ländergruppen

Die Entwicklung der Exklusionsquote während der Jahre vom Schuljahr 2008/09 (dem letzten vor Deutschlands Beitritt zur UN-Konvention) bis zum Schuljahr 2018/19 wurde in der hier vorliegenden Studie für Deutschland insgesamt sowie für die sechzehn Bundesländer im Einzelnen betrachtet. Ein Blick auf die dazu berichteten Exklusionsquoten (vgl. Tabelle 14 und Tabelle 25) lässt starke Länderunterschiede sowohl bei den Ausgangswerten des Schuljahres 2008/09 wie auch bei den 2018/19 erreichten Werten erkennen. Diese Länderunterschiede erlauben eine Zusammenfassung in unterschiedliche Ländergruppen:

- Gruppe 1: Hierzu gehört eine Gruppe von vier Ländern, in denen die Exklusionsquote in den Jahren zwischen 2008/09 und 2018/19 angewachsen bzw. konstant geblieben ist. Zu dieser Gruppe zählen die Länder Baden-Württemberg, Bayern und Rheinland-Pfalz sowie das Saarland. Diese Gruppe hat sich vom Ziel der UN-Konvention weiter entfernt oder ist beim status quo des Schuljahres 2008/09 stehen geblieben.
- Gruppe 2: Zu dieser zweiten Ländergruppe gehören vier Länder, bei denen im Zeitraum von 2008/09 bis 2018/19 eine deutliche Reduzierung der Exklusionsquote bis unter die 3,0 Prozentmarke erreicht wurde (bei einem Bundesdurchschnitt, der 2018/19 bei 4,2 Prozent lag). Zu dieser Gruppe gehören die drei Stadtstaaten Berlin, Bremen und Hamburg sowie Schleswig-Holstein.
- Gruppe 3: Die acht Bundesländer, deren Entwicklung zwischen diesen beiden Vierergruppen liegt, weisen ebenfalls eine Reduzierung der Exklusionsquote auf: Zu ihnen gehören mit den östlichen Bundesländern Brandenburg, Mecklenburg-Vorpommern, Sachsen, Sachsen-Anhalt und Thüringen Länder, die allesamt 2008/09 Exklusionsquoten aufwiesen, die deutlich oberhalb des damaligen Bundesdurchschnitts von 4,8 Prozent lagen (diese Quoten reichten damals von 5,4% in Brandenburg bis zu 8,9 Prozent in Mecklenburg-Vorpommern). In drei Ländern, in Sachsen, Mecklenburg-Vorpommern und Sachsen-Anhalt, liegen die Exklusionsquoten des Jahres 2018/19 immer noch höher als der bundesdurchschnittliche Wert des Jahres 2008/09. Zu dieser dritten Ländergruppe gehören schließlich auch Hessen mit einer Reduzierung der Exklusionsquote von 2008/09 noch 3,9 Prozent um 0,5 Prozentpunkte auf 2018/19 noch 3,4 Prozent, Niedersachsen mit einem Abbau der Exklusionsquote von 4,4 auf 3,2 Prozent und Nordrhein-Westfalen mit einer Reduzierung dieser Quote von 2008/09 noch 5,1 Prozent um 0,5 Prozentpunkte auf 2018/19 noch 4,6 Prozent (auf einen Wert, der 2018/19 noch oberhalb des bundesdurchschnittlichen Wertes von 4,2 Prozent lag).

10.2 Gruppenspezifische Ausprägungen der Maßnahmen zur Umsetzung der Inklusion

Für die weitere Analyse wird nun so verfahren, dass die beiden Ländergruppen 1 (steigende Exklusionsquoten) und 2 (auf Werte unter 3,0 Prozent sinkende Exklusionsquoten) daraufhin betrachtet werden, welche Maßnahmen in diesen beiden Gruppen in den Bereichen Ressourcenvorbehalt, Angebotsstrukturen,

Unterstützungssysteme, Ressourcensteuerung, Personalmangel und Konnexität in den jeweiligen Ländern erkennbar sind. Bei diesem Vorgehen kann nicht unterstellt werden, dass die in den Ländern der beiden Ländergruppen beobachteten Maßnahmen ursächlich für die bei ihnen beobachtete Entwicklung der Exklusionsquoten ist. Es darf aber vermutet werden, dass die beschriebenen Maßnahmen die in den Ländern beobachteten Entwicklungen ‚rahmen' und möglicherweise begünstigen.

Gruppe 1

Zwei der vier zu dieser Gruppe gezählten Länder – Baden-Württemberg und Bayern – konditionieren das Elternwahlrecht zwischen den beiden Lernorten durch einen Ressourcenvorbehalt. Hinsichtlich der Angebotsstrukturen finden sich in Bayern und in Rheinland-Pfalz deutliche Einschränkungen bei der Erreichbarkeit inklusiver Schulen: Mit 261 bayerischen Schulen mit dem ‚Schulprofil Inklusion' bieten nur 6,2 Prozent aller entsprechenden allgemeinen Schularten ein umfassendes Angebot inklusiven Lernens. Ähnliches gilt für die 296 ‚Schwerpunktschulen' in Rheinland-Pfalz, die lediglich 21,8 Prozent der entsprechenden Schulen ausmachen. Daneben finden sich in Bayern ‚Partnerklassen' und in Baden-Württemberg ‚kooperative Unterrichtsformen des gemeinsamen Unterrichts', bei denen Schülerinnen und Schüler mit und ohne sonderpädagogischen Förderbedarf teils gemeinsamen, teils getrennten Unterricht erhalten. Während Bayern und Rheinland-Pfalz auch ‚Einzelinklusion' ermöglichen, also außerhalb von ‚Inklusionsschulen' bzw. von ‚Schwerpunktschulen', ist dies in Baden-Württemberg grundsätzlich nur gruppenbezogen zulässig. Lediglich im Saarland finden sich angebotsseitig keine Einschränkungen für eine fortschreitend inklusiv gestaltete Schulentwicklung.

Die hier in drei der vier Länder dieser Gruppe in den Schulgesetzen und den dazu gehörenden Verordnungen und Erlassen erkennbare Tendenz, den Inklusionsprozess zumindest nicht verstärkt zu befördern, findet bei der Entwicklung der Zahl der Schülerinnen und Schüler der Förderschulen (vgl. Tabelle 2) in diesen Ländern eine Entsprechung: Der Rückgang der Zahlen der Schülerinnen und Schüler der Jahrgangsstufen 1 bis 9 oder 10 liegt in Baden-Württemberg zwischen den Schuljahren 2008/09 und 2018/19 bei 87,3 Prozent, der der Zahl der Förderschulen dagegen nur bei 97,2 Prozent. Die entsprechenden Werte liegen in Bayern bei 88,7 und bei 97,8 Prozent, in Rheinland-Pfalz bei 84,9 und 92,9 Prozent und im Saarland bei 87,2 und 85,6 Prozent. In dreien dieser vier Länder sinken die Schulzahlen deutlich geringer als die aller Schülerinnen und Schüler der entsprechenden Schuljahrgänge. Auch hier weicht das Saarland ab: Dort entsprechen sich der Rückgang der Schüler- sowie der Förderschulzahlen annähernd.

Alle vier Länder dieser Gruppe bieten den inklusiven Schulen Unterstützung durch die Gesamtheit der sonderpädagogischen Förderschulen bzw.

durch einzelne darauf spezialisierte Förderschulen an. Auch arbeiten diese vier Länder bei der Personalzuweisung an ihre inklusiv arbeitenden Schulen überwiegend auf der Basis einer schülerbezogenen Zuweisung, in keinem Fall mit einer konsequenten systemischen Stellenzuweisung. Abschließend soll darauf verwiesen werden, dass mit Baden-Württemberg und Rheinland-Pfalz zwei der vier Länder ihre Schulträger – dem Konnexitätsprinzip folgend – bei der Anpassung ihrer Schulgebäude an die Erfordernisse des inklusiven Unterrichtens finanziell unterstützen.

Überblickt man die Maßnahmen, die die vier Länder der ersten Ländergruppe hinsichtlich der Umsetzung der UN-Konvention über die Rechte von Menschen mit Behinderungen ergriffen haben und ergreifen, dann bleibt festzustellen: Zumindest die Länder Baden-Württemberg, Bayern und Rheinland-Pfalz verfolgen eine Strategie, die vor allem bei der Gestaltung der Angebotsstruktur eher restriktiv verfährt, eine Strategie, die zumindest im Ansatz erklären kann, dass diese drei Länder beim Ausbau der Inklusion nicht nur nicht vorangekommen sind, sondern dass sie sich vom UN-Ziel weiter entfernt haben. Die entsprechende Entwicklung findet sich gleichfalls – wenn auch schwächer – im Saarland, ist dort aber nicht auf der Basis der betrachteten Maßnahmen erklärbar.

Gruppe 2

Mit Bremen und Hamburg verzichten zwei der vier zu dieser Gruppe gezählten Länder auf eine Konditionierung des Elternwahlrechts zwischen den beiden Lernorten durch einen Ressourcenvorbehalt. Alle vier Länder dieser Gruppe bieten – abgesehen vom Ressourcenvorbehalt in Berlin und Schleswig-Holstein – allen Schülerinnen und Schülern erreichbare inklusive Schulen. Bremen schränkt das Wahlrecht der Eltern insofern ein, dass der Stadtstaat in den Förderschwerpunkten ‚Lernen' und ‚Sprache' die entsprechenden Förderschulen hat auslaufen lassen. Eine vergleichbare Entwicklung findet sich in Schleswig-Holstein: Dort sind zahlreiche Förderschulen der genannten drei Förderschwerpunkte zu Förderschulen ohne Schülerinnen und Schüler geworden, so dass im früheren Einzugsgebiet dieser Schulen nur noch inklusiv arbeitende allgemeine Schulen erreichbar sind. Hinzu kommt, dass der Förderschwerpunkt Sehen in Schleswig-Holstein grundsätzlich in allgemeinen Schulen unterrichtet wird – unterstützt durch ein Landesförderzentrum Sehen. In Hamburg und Berlin bestehen zwar Förderschulen aller Förderschwerpunkte, doch sind für Schülerinnen und Schüler mit sonderpädagogischem Förderbedarf in diesen beiden Stadtstaaten allgemeine Schule erreichbar. Insgesamt findet sich in den vier Ländern dieser Gruppe keine Zugangseinschränkung für den Besuch einer allgemeinen Schule. Dies gilt auch für die Förderschwerpunkte ‚Geistige Entwicklung', ‚Körperlich-motorische Entwicklung', ‚Sehen' und ‚Hören'. In Berlin gibt es für diese Förderschwerpunkte Schwerpunktschulen.

Die in den Ländern dieser Gruppe in den Schulgesetzen und den dazu gehörenden Verordnungen und Erlassen deutlich erkennbare Tendenz, den Inklusionsprozess voranzutreiben, findet bei der Entwicklung der Zahl ihrer Förderschulen eine Entsprechung (vgl. Tabelle 2): Die Zahlen der Schülerinnen und Schüler der Jahrgangsstufen 1 bis 9 bzw. 10 weist in Berlin zwischen den Schuljahren 2008/09 und 2018/19 einen Anstieg auf 109,3 Prozent auf. Gleichwohl verringert sich dort die Zahl der Förderschülerinnen und Förderschüler im gleichen Zeitraum auf 62,7 Prozent. Eine ähnliche Entwicklung zeigt Hamburg: Dort steigen die Schülerzahlen auf 107,1 Prozent, während die Zahl der Förderschülerinnen und Förderschüler auf 62,6 Prozent sinkt. In Bremen entspricht dem Rückgang der Schülerzahlen auf 96,0 Prozent ein Rückgang der Zahl der Förderschülerinnen und Förderschüler auf 17,8 Prozent (!). In Schleswig-Holstein sinken die Schülerzahlen auf 85,4 Prozent, während die Zahl der Förderschülerinnen und Förderschüler auf 58,9 Prozent zurückgeht. Insgesamt kann für die Länder dieser Gruppe festgestellt werden, dass die Reduzierung der Zahl der Förderschülerinnen und Förderschüler einerseits eine Folge einer verstärkten Anwahl der allgemeinen Schulen ist, dass diese Reduzierung andererseits künftig eine Anwahl von Förderschulen erschwert, da deren Zahl (vgl. noch einmal Tabelle 2) in Bremen und in Hamburg stark zurückgegangen ist, in Schleswig-Holstein zwar nur auf 94,7 Prozent gesunken ist, dort aber viele der verbliebenen Förderschulen als Schulen ohne Schüler arbeiten. Lediglich in Berlin ist die Zahl der Förderschulen nur schwach gesunken, wobei die durchschnittliche Schülerzahl je Förderschule dort sehr klein (66) geworden ist.

Die schulexterne Unterstützung der inklusiv arbeitenden allgemeinen Schulen leisten in Berlin, Bremen, Hamburg eigens dafür geschaffene Einrichtungen (SIBUZ, ReBUZ, ReBBZ), in Schleswig-Holstein überwiegend die Förderschulen ohne Schülerinnen und Schüler. Die Konzentration der schulexternen Unterstützung auf eigens dafür geschaffene Einrichtungen, die in den vier Ländern dieser Gruppe erfolgt ist, hat das Potenzial, diese Unterstützung auch qualitativ zu stärken.

Die Ressourcenzuweisung an die allgemeinen Schulen erfolgt in den vier Ländern für die Förderschwerpunkte ‚Lernen', ‚Sprache' sowie ‚Emotionale und soziale Entwicklung' – unterschiedlich ausgeprägt – systemisch: In den drei Stadtstaaten mit einer Orientierung an einem Sozialindex der einzelnen Schulen und in Schleswig-Holstein als Zuweisung an die Förderzentren, die die Ressourcen dann nur schwach sozialindexorientiert ausgeprägt an die Schulen weiterleiten. Für die übrigen Förderschwerpunkte arbeiten diese vier Länder mit einer schülerbezogenen Zuweisung.

Eine Durchsicht der Maßnahmen, die die vier Länder dieser zweiten Ländergruppe hinsichtlich der Umsetzung der UN-Konvention über die Rechte von Menschen mit Behinderungen ergriffen haben und ergreifen, erlaubt die Feststellung: Alle diese Länder verfolgen eine Strategie, die bei der Gestaltung insbesondere der Angebotsstruktur die Intention der UN-Konvention aufgreift und für alle Schülerinnen und Schüler mit sonderpädagogischem Förderbedarf den Zugang zum Lernort in allgemeinen Schulen erreichbar macht, eine Strategie, die im Ansatz erklären kann, dass diese vier Länder beim Ausbau der Inklusion im Bundesländervergleich überdurchschnittlich gut abschneiden. Dies gilt umso mehr auch deshalb, weil sie mit den bei ihnen etablierten Unterstützungssystemen den inklusiv arbeitenden Schulen Ansprechpartner zur Seite stellen, deren ausgesprochene und vornehmliche Aufgabe in der Unterstützung der Schule besteht.

10.3 Länderspezifische Perspektive für den weiteren Weg der Inklusion

Ein Blick auf die Perspektivplanungen der Länder der Gruppen 1 und 2 macht deutlich, dass diese Länder den Weg, den sie bei der bisherigen Entwicklung bis 2018/19 beschritten haben, in den Jahren bis 2030/31 – legt man die Zielwerte der Schülerzahlenprognose aus dem Jahr 2019 (KMK 2019b) zu Grunde – gedenken fortzusetzen (vgl. Tabelle 25):

- In der Gruppe 1 zielt die Prognose der Schülerzahlen für das Jahr 2030/31 in Bayern (von 4,7 auf 5,1 Prozent) und im Saarland (von 4,0 auf 4,2 Prozent) auf einen weiteren Anstieg der Exklusionsquote. Baden-Württemberg erwartet einen schwachen Rückgang der Exklusionsquote von 4,8 auf 4,7 Prozent, auch Rheinland-Pfalz geht von einer Reduzierung von 4,2 auf 4,0 Prozent aus. Insgesamt gilt für diese Ländergruppe, dass alle vier Länder dieser Gruppe für 2030/31 mit Exklusionsquoten rechnen, die oberhalb ihrer Werte des Jahres 2008/09 liegen (vgl. Tabelle 25). Sie werden sich, wenn dieser Entwicklungspfad eingeschlagen bleibt, 2030/31 von dem Ziel der UN-Konvention weiter entfernt haben.
- Für die vier Länder der Gruppe 2 gilt durchgängig, folgt man auch hier den Zielwerten der Schülerzahlenprognose aus dem Jahr 2019 (KMK 2019b), dass sie ihren Weg hin zu einem inklusiven Schulsystem fortsetzen wollen: 2030/31 läge die Exklusionsquote in Bremen bei 1,0 Prozent (gegenüber 2018/19 noch 0,9 Prozent), in Schleswig-Holstein würde sie von 2,2 auf 1,9 Prozent, in Berlin von 2,4 auf 2,3 Prozent und in Hamburg von 2,9 auf 2,6 Prozent weiter sinken.
- Von den acht Ländern der Gruppe 3 gehen fünf davon aus, dass ihre Exklusionsquote von 2018/19 bis 2030/31 – zum Teil allerdings nur schwach – steigt. Dies sind Hessen, Mecklenburg-Vorpommern, Nordrhein-Westfalen, Sachsen-Anhalt und Thüringen. Die übrigen drei Länder dieser Gruppe (Brandenburg, Niedersachsen und Sachsen) erwarten in ihren Schülerzahl-

prognosen zwischen 2018/19 und 2030/31 sinkende Exklusionsquoten (vgl. dazu Tabelle 24). Von besonderem Interesse sind zwei der Länder der Gruppe 3:

In Nordrhein-Westfalen ging das Land in seiner Schülerzahlenprognose des Jahres 2018 (KMK 2018a), die die Jahre 2016 bis 2030 umfasste, noch davon aus, dass sich die Exklusionsquote auf 3,0 Prozent deutlich verkleinern würde. Nach der 2018 verkündeten ‚Neuausrichtung der Inklusion in der Schule' wurde auch die Schülerzahlenprognose aktualisiert (KMK 2019b). Diese Prognose zielt für 2030/31 eine Exklusionsquote von 4,7 Prozent an, einen Zielwert, der um 0,1 Prozentpunkte geringfügig über dem Wert von 2018/19 (4,6%) liegt (vgl. dazu Tabelle 25). Ein wesentliches Instrument, das diese Neuausrichtung vorbereitet, ist die Reduzierung der Zahl der Schulen des gemeinsamen Lernens (vgl. dazu Abschnitt 2). Mit der damit verbundenen Gestaltung der Angebotsstruktur, die auf eine Verknappung der Zahl der Standorte von Schulen des gemeinsamen Lernens hinausläuft, schließt sich Nordrhein-Westfalen der eher restriktiven bildungspolitischen Strategie an, die die Länder der Gruppe 1 bei der Entwicklung inklusiver Bildung in Deutschland gewählt haben.

In Niedersachsen wird ein entgegengesetzter Weg eingeschlagen: Das Land, das auch schon 2018/19 mit seiner Exklusionsquote von 3,2 Prozent dicht an dem Oberwert von 3,0 der Gruppe 2 lag, geht in seiner Schülerzahlenprognose (KMK 2019b) von einem deutlichen Rückgang dieser Quote bis 2030/31 auf dann nur noch 2,2 Prozent aus (vgl. Tabelle 25). Diese Entwicklung wird von der Angebotsstruktur in Niedersachsen dadurch gestützt, dass die Förderschulen des Schwerpunktes ‚Lernen' bis zur Mitte der zwanziger Jahre aufgegeben sein werden (vgl. dazu Abschnitt 2). Auch findet sich im Schulgesetz Niedersachsens kein Ressourcenvorbehalt. Schließlich hat das Land bereits 2017 ein Netz ‚Regionaler Beratungs- und Unterstützungszentren Inklusive Schule (RZI)' mit derzeit 36 Zentren aufgebaut. Mit dieser Entwicklungslinie reiht sich Niedersachsen in die Entwicklung der Länder der Gruppe 2 ein.

Die Entwicklungen in diesen beiden Ländern stützen die Beobachtungen zu den Gruppen 1 und 2: Nordrhein-Westfalen dünnt seine Angebote für gemeinsames Lernen aus und erhöht seine Exklusionsquote, während Niedersachsen mit dem Abbau der Förderschulen des Schwerpunkts ‚Lernen' die Anwahl der allgemeinen Schulen stärkt.

10.4 Fazit: Zwei Grundmuster bildungspolitischer Strategien inklusiver Bildung in Deutschland

Bei der Suche nach unterscheidbaren Strategien bei dem Umgang mit der Vorgabe der ‚UN-Konvention über die Rechte von Menschen mit Behinderungen' wurden auf der Grundlage der in den Ländern gültigen Gesetze und Verordnungen sowie bildungsstatistischer Analysen die Bereiche Ressourcenvorbehalt, Angebotsstrukturen, Unterstützungssysteme, Ressourcensteuerung, Personalmangel und Konnexität länderspezifisch untersucht. Dabei schälten sich zwei Grundmuster heraus, zwei Grundmuster, die bei Einbeziehung der Entwicklungsperspektiven bis zum Schuljahr 2030/31 bei jeweils fünf Ländern erkennbar sind: Auf der einen Seite findet sich eine Gruppe von fünf Ländern, die sich in den Jahren seit 2008/09 (dem letzten Jahr vor Deutschlands Beitritt zur UN-Konvention) vom Ziel ‚Inklusion' weiter entfernt haben und die diese Entwicklungsrichtung in den kommenden Jahren fortsetzen wollen. Diese Länder (Baden-Württemberg, Bayern, Rheinland-Pfalz, das Saarland und Nordrhein-Westfalen) verfolgen eine Strategie, die beim Gemeinsamen Lernen insbesondere die Angebotsstruktur restriktiv gestaltet. Auf der anderen Seite gibt es eine Gruppe von gleichfalls fünf Ländern (die drei Stadtstaaten Berlin, Bremen, Hamburg sowie Niedersachsen und Schleswig-Holstein), die bei der Gestaltung insbesondere der Angebotsstruktur die Intention der UN-Konvention aufgreifen und für alle Schülerinnen und Schüler mit sonderpädagogischem Förderbedarf den Zugang zu allgemeinen Schulen gut erreichbar machen. Dies wirkt umso mehr auch deshalb inklusionsförderlich, weil diese Länder mit den bei ihnen etablierten Unterstützungssystemen den inklusiv arbeitenden Schulen Ansprechpartner zur Seite stellen, deren ausgesprochene und vornehmliche Aufgabe in der Unterstützung gemeinsamen Lernens besteht.

11. Der weitere Weg zur inklusiven Schule

Die Analyse der Entwicklung des Inklusionsprojektes, für das die ‚UN-Konvention über die Rechte von Menschen mit Behinderungen' den Weg gewiesen hat, zeigt: Im Durchschnitt aller Bundesländer wurde mit einer Verringerung der Exklusionsquote von 4,8 Prozent in 2008 auf noch 4,2 Prozent in 2018 ein nur dürftiger Fortschritt erreicht. Wenn die Pläne der Bundesländer, die sich aus ihrer Schülerzahlenprognostik ableiten lassen, tatsächlich umgesetzt werden, wird der bisher ohnedies nur mäßige Fortschritt bei der Annäherung an die Zielsetzung der UN-Konvention in den Jahren bis 2030 im Durchschnitt aller Bundesländer in Stillstand überführt.

Dieses zu erwartende ‚Ausbremsen' des Inklusionsprozesses steht nicht nur im Widerspruch zu den Zielen der UN-Konvention, zu deren Erreichung sich Deutschland durch seinen Beitritt bekannt hat, sondern auch im Widerspruch zu den Befunden der empirischen Bildungsforschung und den Bekundungen, die in zahlreichen repräsentativen Befragungen zum Ausdruck kommen. Mehrere neuere Studien weisen nach, dass Kinder der Förderschwerpunkte ‚Lernen', ‚Emotionale und soziale Entwicklung' sowie ‚Sprache' im inklusiven Unterricht im Vergleich zum Unterricht in Förderschulen größere Lernfortschritte erzielen. Keine Studie der empirischen Bildungsforschung bietet eine Grundlage für die These, Inklusion sei gescheitert. Auch die jüngeren repräsentativen Befragungen von Eltern, von Lehrkräften und auch von einer breiteren Öffentlichkeit ermutigen zu einem Fortschreiten auf dem Weg zur inklusiven Schule. Bei diesen drei befragten Gruppen überwiegt die Zustimmung zum Inklusionsprojekt – und zwar in dem Maße deutlicher, in dem die Befragten konkrete Erfahrungen mit dem gemeinsamen Unterricht sammeln konnten. Diese drei Gruppen verbindet aber auch eine unüberhörbare Kritik an der unzureichenden Versorgung der Schulen mit pädagogischem Personal. Hier muss nachgebessert werden.

Eine länderspezifische Betrachtung des Inklusionsprozesses in den Jahren von 2008 bis 2018 und der Planung dieses Prozesses für die kommenden Jahre zeigt allerdings: Trotz der ermutigenden Ergebnisse der Arbeit der Schulen des gemeinsamen Lernens und der Wahrnehmung dieser Arbeit durch Eltern, durch Lehrkräfte und durch eine breitere Öffentlichkeit hat sich eine Reihe der deutschen Bundesländer in den vergangenen Jahren vom Ziel einer inklusiven Schule verabschiedet. Faktisch distanzieren sie sich damit von der UN-Konvention. Im Gegensatz zum Weg dieser Länder haben sich aber auch eine Reihe von Bundesländern auf den Weg hin zu einer inklusiven Schule gemacht und weitere Fortschritte vorbereitet. Dies ermutigt, denn diese Länder belegen mit ihren Schulen: Inklusion ist machbar.

Aber: Schon jetzt kann beobachtet werden, dass Kinder mit einem sonderpädagogischen Förderbedarf während der Corona-Pandemie in allgemeinen Schulen ebenso wie in Förderschulen von Schulschließungen oder reduziertem Unterricht in besonderer Weise betroffen sind. Gemeinsam mit den Schulen müssen Konzepte entwickelt werden, die das Potenzial haben, diese neue Benachteiligung auszugleichen. Andernfalls läuft Inklusion ins Leere.

Literatur

Aktion Mensch e. V./DIE ZEIT (Hrsg.) (2019): Schulische Inklusion. Untersuchung zu Einstellungen zu schulischer Inklusion und Wirkungen im Bildungsverlauf. Bonn: o. V.

Amrhein, Bettina/Badstieber, Benjamin (2013): Lehrerfortbildungen zu Inklusion. Gütersloh: Bertelsmann Stiftung.

Autorengruppe Bildungsberichterstattung (2020): Bildung in Deutschland 2020. Bielefeld: W. Bertelsmann Verlag (wbv).

Avenarius, Hermann (2012): Auf dem Weg zur inklusiven Schule? In: Schulverwaltung. Zeitschrift für Schulleitung und Schulaufsicht Hessen/Rheinland-Pfalz, 3/2012, S. 83–86.

Barsch, Sebastian (2013): Geistig behinderte Menschen in der DDR. Erziehung – Bildung – Betreuung. Oberhausen: Athena.

Bayerisches Landesamt für Statistik (2019): Eckdaten der amtlichen Schulstatistik im Herbst 2018 nach kreifreien Städten und Landkreisen. Fürth: o. V.

BMBW (1991): Grund- und Strukturdaten 1991/92. Bonn: o. V.

BMBW (1990): Grund- und Strukturdaten 1990/91. Bonn: o. V.

Beauftragter der Bundesregierung für die Belange behinderter Menschen (2010): Die UN-Behindertenrechtskonvention – Übereinkommen über die Rechte von Menschen mit Behinderungen. Berlin: o. V.

Bertelsmann Stiftung (Hrsg.)(2019): Inklusion: Damit sie gelingen kann. Die Rolle der Unterstützungssysteme. Gütersloh: Bertelsmann Stiftung.

Bertelmann Stiftung (2015): Wie Eltern Inklusion sehen: Erfahrungen und Einschätzungen. Ergebnisse einer repräsentativen Elternumfrage. Gütersloh: Bertelsman Stiftung.

Bos, Wilfried/Hornberg, Sabine/Arnold, Karl-Heinz/Faust, Gabriele/Fried, Lilian/Lanks, Eva-Maria/Schwippert, Knut/Valtin, Renate (Hrsg.) (2007): IGLU 2006. Lesekompetenzen von Grundschulkindern in Deutschland im internationalen Vergleich. Münster: Waxmann.

Bürgerschaft der Freien und Hansestadt Hamburg (2017): Betr.: Maßnahmen zur Verbesserung der Inklusion an Hamburgs Schulen – Konsens mit den Initiatoren der Volksinitiative „Gute Inklusion“ – Drucksache 20/3641 vom 19. 12. 2017.

Bund-Länder-Kommission für Bildungsplanung (1973): Bildungsgesamtplan Band I. Stuttgart: Ernst Klett Verlag.

v. Carnap, Roderich/Edding, Friedrich (1962): Der relative Schulbesuch in den Ländern der Bundesrepublik 1952–1960 (Manuskriptdruck). Frankfurt: Hochschule für Internationale Pädagogische Forschung.

Daschner, Peter/Hanisch, Rolf (Hrsg.)(2019): Lehrkräftefortbildung in Deutschland. Weinheim: Beltz Juventa.

Dedering, Kathrin/Horstkemper, Marianne (2014): Wie stehen Eltern zur Inklusion? In: Killus, Dagmar/Tillmann, Klaus-Jügen (Hrsg.): Eltern zwischen Erwartungen, Kritik und Engagement. Ein Trendbericht zu Schule und Bildungspolitik in Deutschland. Münster: Waxmann, S. 47–69.

Demmer, Christine/Heinrich, Martin/Lübeck, Anika (2017): Funktion und Funktionalität von Schulbegleitung im inklusiven Schulsystem!? Expertise für den Bundesverband für Erziehungshilfe (AFET e. V.) Hannover: o. V.

Deutsche UNESCO-Kommission (2020): Weltbildungsbericht 2020 – Kurzfassung: Inklusion und Bildung: Für alle heisst für alle. Bonn.

Deutscher Bildungsrat. (1975): Bericht ’75 – Entwicklungen im Bildungswesen. Stuttgart: Ernst Klett Verlag.

Deutscher Bildungsrat (1973): Zur pädagogischen Förderung behinderter und von Behinderung bedrohter Kinder und Jugendlicher. Stuttgart: Ernst Klett Verlag.

Deutscher Bildungsrat (1970). Strukturplan für das Bildungswesen. Stuttgart: Ernst Klett Verlag.

Deutscher Bildungsrat (1969): Einrichtung von Schulversuchen mit Gesamtschulen. Stuttgart: Ernst Klett Verlag.

Döttinger, Ina/Pluhar, Christine (2019): Systematik der Unterstützungssysteme. In: Bertelsmann Stiftung (Hrsg.): Inklusion: Damit sie gelingen kann. Die Rolle der Unterstützungssysteme. Gütersloh: Bertelsmann Stiftung, S. 45–69.

Ellger-Rüttgardt, Sieglind (1997): Geschichte der sonderpädagogischen Institutionen. In: Harney, Klaus/Krüger, Heinz-Hermann (Hrsg.)(1997): Einführung in die Geschichte von Erziehungswissenschaft und Erziehungswirklichkeit. Band III, S. 247–269. Opladen: Leske + Budrich.

Ericson, Robert/Goldthorpe, John H./Portocarero, Lucienne (1979): Intergenerational class mobility in three Western European societies: England, France and Sweden. British Journal of Sociology, 30, S. 341–415.

Forsa (2017): Inklusion an Schulen aus der Sicht der Lehrkräfte in Deutschland – Meinungen, Einstellungen und Erfahrungen. Ergebnisse einer repräsentativen Lehrerbefragung. Berlin: o. V.

Gesetz zur Verhütung erbkranken Nachwuchses (vom 14. Juli 1933) https://www.1000dokumente.de/index.html?c=dokument_de&dokument=0136_ebn&object=translation

Gesetz über das einheitliche sozialistische Bildungssystem (1965). https://www.verfassungen.de/ddr/Schulgesetz65.htm

Hänsel, Dagmar (2019): Sonderschule im Nationalsozialismus. Die Magdeburger Hilfsschule als Modell. Bad Heilbrunn: Verlag Julius Klinkhardt.

Hollenbach-Biele, Nicole/Klemm, Klaus (2020): Inklusive Bildung zwischen Licht und Schatten: Eine Bilanz nach zehn Jahren inklusiven Unterrichts. Gütersloh: Bertelsmann Stiftung.

Hußmann, Anke/Wendt, Heike/Bos, Wilfried/Bremerich-Vos, Albert/Kasper, Daniel/Lankes, Eva-Maria/McElvany, Nele/Stubbe, Tobias C./Valtin, Renate (Hrsg.) (2017): IGLU 2016. Lesekompetenzen von Grundschulkindern in Deutschland im internationalen Vergleich. Münster: Waxmann.

Klemm, Klaus (2020): Bildungspolitische Strategien inklusiver Bildung in Deutschland. Expertise für den Bundesverband für Erziehungshilfe (AFET e. V.) https://www.uni-due.de/imperia/md/content/bifo/klemm_2020___bildungspolitische_strategien_inklusiver_bildung_in_deutschland.pdf

Klemm, Klaus (2014): Auf dem Weg zur inklusiven Schule. Versuch einer bildungsstatistischen Zwischenbilanz. In: Zeitschrift für Erziehungswissenschaft 4/2014, S. 625–637.

Klemm, Klaus (2013). Inklusion in Deutschland – eine bildungsstatistische Analyse. Gütersloh: Bertelsmann Stiftung.

Klieme, Eckhard/Artelt, Cordula/Hartig, Johannes/Jude, Nina/Köller, Olaf/Prenzel, Manfred/Schneider, Wolfgang/Stanat, Pettra (Hrsg.) (2010): PISA 2009. Bilanz nach einem Jahrzehnt. Münster: Waxmann.

KMK (2020a): Schulen, Klassen, Lehrer und Absolventen der Schulen 2009 bis 2018. Berlin: o. V.

KMK (2020b): Schulgesetze der Länder. https://www.kmk.org/dokumentation-statistik/rechtsvorschriften-lehrplaene/uebersicht-schulgesetze.html.

KMK (2020c): Sonderpädagogische Förderung in Schulen 2008 bis 2018. Berlin: o. V.

KMK (2019a): Lehrereinstellungsbedarf und -angebot in der Bundesrepublik Deutschland 2019–2030 – Zusammengefasste Modellrechnungen der Länder. Berlin: o. V.

KMK (2019b): Vorausberechnung der Schüler- und Absolventenzahlen 2018 bis 2030. Berlin: o. V.

KMK (2018a): Vorausberechnung der Schüler- und Absolventenzahlen 2016 bis 2030. Berlin o. V.

KMK (2018b): Übersicht der Kultusministerkonferenz: Inklusives Schulsystem – Entwicklungen in den Ländern (Stand: 7. 12. 2018). Berlin: o. V.

KMK (2010): Sonderpädagogische Förderung in Schulen 1999 bis 2008. Berlin: o. V.

KMK (1994). Empfehlungen zur sonderpädagogischen Förderung in den Schulen in der Bundesrepublik Deutschland – Beschluss der Kultusministerkonferenz vom 6. 5. 1994. Bonn: o. V.

KMK (1972): Empfehlung zur Ordnung des Sonderschulwesens. Beschluss der Kultusministerkonferenz vom 16. 3. 1972. Bonn: o. V.

Kricke, Meike/Reich, Kersten/Schanz, Lea/Schneider, Jochem (2018): Raum und Inklusion. Neue Konzepte im Schulbau. Weinheim: Beltz.

Kocaj, Aleksander/Kuhl, Poldi/Haag, Nicole/Kohrt, Pauline/Stanat, Petra (2017): Schulische Kompetenzen und schulische Motivation von Kindern mit sonderpädagogischem Förderbedarf an Förderschulen und an allgemeinen Schulen. In: Stanat, Petra/Schipolowski, Stefan/Rjosk, Camilla/Weirich, Sebastian/Haag, Nicole (Hrsg.): IQB-Bildungstrend 2016. Kompetenzen in den Fächern Deutsch und Mathematik am Ende der 4. Jahrgangsstufe im zweiten Ländervergleich. Münster: Waxmann, S. 302–315.

Landtag Nordrhein-Westfalen (2010): Plenarprotokoll 15/16. Düsseldorf: o. V.

Lüthje-Klose, Birgit/Neumann, Phillip./Gorges, Julia./Wilke, Elke (2018): Die Bielefelder Längsschnittstudie zum Lernen in inklusiven und exklusiven Förderarrangements (BiLieF) – Zentrale Befunde. In : Die Deutsche Schule 2/2018, S. 109–122.

Merz-Atalik, Kerstin (2001): Interkulturelle Pädagogik in Integrationsklassen. Wiesbaden: Springer VS.

Michael, Berthold/Schepp, Heinz-Hermann (1993): Die Schule in Staat und Gesellschaft. Dokumente zur deutschen Schulgeschichte im 19. und 20. Jahrhundert. Göttingen und Zürich: Muster-Schmidt Verlag.

Ministerium für Bildung und Kultur – Saarland (2019): Antwort der Landesregierung zur Anfrage der Abgeordneten Barbara Spaniol (DIE LINKE) betreffend Förderbedarf an Schulen und Kinderbetreuungseinrichtungen: Saarbrücken.

MSB – Ministerium für Schule und Bildung des Landes Nordrhein-Westfalen (2019a): Schreiben der Ministerin an die Vorsitzende des Ausschusses für Schule und Bildung des Landtags Nordrhein-Westfalen vom 8. 12. 2019. Düsseldorf.

MSB – Ministerium für Schule und Bildung des Landes Nordrhein-Westfalen (2019b): Statistik-Telegramm 2018/19. Düsseldorf.

Mühl, Heinz. (1994): Einführung in die Geistigbehindertenpädagogik. 3. Auflage. Stuttgart/Berlin/Köln: Verlag W. Kohlhammer.

Niedersächsisches Kultusministerium (2013): Ergänzende Bestimmungen zur Verordnung zur Feststellung eines Bedarfs an sonderpädagogischer Unterstützung. https://www.landesschulbehoerde-niedersachsen.de/themen/schulleitung/sonderpaedagogische-unterstuetzung/was-bedeutet-sonderpaedagogischer-foerderbedarf/ergaenzende-bestimmungen-zur-vo-zur-feststellung-eines-sonderpaedagogischen-foerderbedarfs.pdf

Paseka, Angelika (2017): Stand der Inklusion aus Elternsicht. In: Killus, Dagmar/Tillmann, Klaus-Jürgen (Hrsg.): Eltern beurteilen Schule – Entwicklungen und Herausforderungen. Ein Trendbericht zu Schule und Bildungspolitik in Deutschland. Münster: Waxmann, S. 99–121.

Preuss-Lausitz, Ulf (2019): Ergebnisse der Inklusions- und Seperationsforschung nach 10 Jahren UN-Behindertenrechtskonvention. Bilanz und Perspektiven. In: Zeitschrift für Heilpädagogik H 10/2019, S. 469–487.

Preuss-Lausitz, Ulf (1986): Sonderschule – Schule in der Krise? In: Rolff, Hans-Günter/Klemm, Klaus/Tillmann, Klaus-Jürgen (Hrsg.): Jahrbuch der Schulentwicklung – Band 4. Weinheim und Basel: Beltz. S. 102–124.

Reichsministerium des Inneren (1921): Die Reichsschulkonferenz 1920. Ihre Vorgeschichte und Vorbereitung und ihre Verhandlungen. Leipzig: Quelle und Meyer.

Reiss, Kristina/Weis, Mirjam/Klieme, Eckhard/Köller, Olaf (Hrsg.)(2019): Grundbildung im internationalen Vergleich. Münster: Waxmann.

Roth, Heinrich (Hrsg.)(1968): Begabung und Lernen. Ergebnisse und Folgerungen neuer Forschungen. Stuttgart: Ernst Klett Verlag.

Schneider, Kerstin/Klemm, Klaus/Kemper, Thomas/Goldan, Janka (2017): Dritter Bericht zur Evaluation des Gesetzes zur Förderung kommunaler Aufwendungen für die schulische Inklusion in Nordrhein-Westfalen. Wuppertal. https://www.wib.uni-wuppertal.de/fileadmin/wib/documents/publications/WIB_EvalInklF%C3%B6G_3_Bericht_20170718_final.pdf

Schuck, K. D./Rauer, W./Prinz, D. (Hrsg.)(2018): EiBiSch – Evaluation inklusiver Bildung in Hamburgs Schulen. Quantitative und qualitative Ergebnisse. Münster: Waxmann.

Senatsverwaltung für Bildung, Jugend und Wissenschaft (Hrsg.)(2016): Wissenschaftliche Begleitung der Pilotphase Gemeinschaftsschule – Abschlussbericht. Autorinnen und Autoren: Bastian, Johannes/Brümmer, Felix/Killus, Dagmar/Ivanov, Stanislav/Nikolova, Roumiana/Vieluf, Ulrich – unter Mitarbeit von Broens, Kristina. Berlin: o. V.

Stanat, Petra/Schipolowski, Stefan/Rjosk, Camilla/Weirich, Sebastian/Haag, Nicole. (Hrsg.) (2017): IQB-Bildungstrend 2016. Kompetenzen in den Fächern Deutsch und Mathematik am Ende der 4. Jahrgangsstufe im zweiten Ländervergleich. Münster: Waxmann.

Stanat, Petra/Schipolowski, Stefan/Mahler, Nicole/Weirich, Sebastian/Henschel, Sofie (Hrsg.) (2019): IQB-Bildungstrend 2018. Mathematische und naturwissenschaftliche Kompetenzen am Ende der Sekundarstufe I im zweiten Ländervergleich. Münster: Waxmann.

Statistisches Bundesamt (2019 und frühere Jahre): Fachserie 11 – Reihe 1: Bildung und Kultur. Allgemeinbildende Schulen 2018/19. Wiesbaden: o. V.

Statistisches Bundesamt (2019b): Bevölkerung am 31. 12. 2018 nach Alter und Geburtsjahren. Wiesbaden: o. V. https://www-genesis.destatis.de/genesis/online

Statistisches Bundesamt (1981) Fachserie 11 – Reihe 1: Allgemeines Schulwesen 1980. Wiesbaden.

Statistisches Landesamt Rheinland-Pfalz (2019): Bildung: Basisdaten Land – Allgemeinbildende Schulen im Schuljahr 2018/19. Bad Ems: o. V.

Stranghöner, Daniela/Hollmann, Jelena/Otterpohl, Nantje/Wild, Elke/Lütje-Klose, Birgit/Schwinger, Malte (2017): Inklusion versus Exklusion: Schulsetting und Lese-Rechtschreibentwicklung von Kindern mit Förderschwerpunkt Lernen. In: Zeitschrift für pädagogische Psychologie 31, H. 2: S. 125–136.

Wegener, Hermann (1968): Die Minderbegabten und ihre sonderpädagogische Förderung – Sondergutachten. In: Roth, Heinrich (Hrsg.): Begabung und Lernen. Ergebnisse und Folgerungen neuer Forschungen. Stuttgart: Ernst Klett Verlag, S. 505–549.

Wendt, Heike/Bos, Wilfried/Selter, Christoph/Köller, Olaf/Schwippert, Knut/Kasper, Daniel (Hrsg.) (2016): Mathematische und naturwissenschaftliche Kompetenzen von Grundschulkindern im internationalen Vergleich. Münster: Waxmann.

UNESCO-Kommission (1994): Die Salamanca Erklärung und der Aktionsrahmen zur Pädagogik für besondere Bedürfnisse. Salamanca 1994. https://www.unesco.de/sites/default/files/2018-03/1994_salamanca-erklaerung.pdf

Wocken, Hans (1996): Sonderpädagogischer Förderbedarf als systemischer Begriff. In: Sonderpädagogik 1996, Heft 1: S. 34–38.

Wulff, C. (2011): Inklusive Bildung bei der UNESCO. In: Bertelsmann Stiftung/Beauftragter der Bundesregierung für die Belange behinderter Menschen/Deutsche UNESCO-Kommission (Hrsg.): Gemeinsam lernen – Auf dem Weg zu einer inklusiven Schule (S. 19–22). Gütersloh: Verlag Bertelsmann Stiftung, S. 19–22.

Wößmann, Ludger/Lergetporer, Philipp/Grewenig, Elisabeth/Kersten, Sarah/Kugler, Franziska/Werner, Katharina (2019): Was die Deutschen über Bildungsungleichheit denken. Ergebnisse des ifo Bildungsbarometers 2019. In: ifo Schnelldienst 72/17. München: o. V.